尽善尽美　弗求弗迪

高效演讲 快速成交

成晓红 著

电子工业出版社
Publishing House of Electronics Industry
北京·BEIJING

内容简介

在激烈的商业竞争环境下，演讲已成为商业人士的必备技能。越来越多的知名商业人士开始出现在大众的视野中，在演讲活动中宣传个人与企业品牌、发展更多客户。演讲是一门学问，如何做一场精彩的演讲？如何用演讲赋能商业活动？如何将商业演讲的价值最大化？本书对这些问题进行了全面解答。

本书从演讲的设计、准备、表达、管理等多个方面具体分析商业演讲的流程和技巧，帮助不擅长演讲的商业人士树立正确的心态，掌握正确的演讲方式；同时帮助善于演讲的商业人士进一步修炼演讲技能，挖掘更多潜在的客户价值。

未经许可，不得以任何方式复制或抄袭本书之部分或全部内容。
版权所有，侵权必究。

图书在版编目（CIP）数据

高效演讲　快速成交 / 成晓红著. — 北京：电子工业出版社，2024.6
ISBN 978-7-121-47870-3

Ⅰ. ①高… Ⅱ. ①成… Ⅲ. ①演讲–语言艺术 Ⅳ. ① H019

中国国家版本馆 CIP 数据核字（2024）第 101010 号

责任编辑：王陶然
印　　刷：唐山富达印务有限公司
装　　订：唐山富达印务有限公司
出版发行：电子工业出版社
　　　　　北京市海淀区万寿路 173 信箱　　邮编：100036
开　　本：880×1230　　1/32　　印张：7.25　　字数：175 千字
版　　次：2024 年 6 月第 1 版
印　　次：2024 年 6 月第 1 次印刷
定　　价：58.00 元

凡所购买电子工业出版社图书有缺损问题，请向购买书店调换。若书店售缺，请与本社发行部联系，联系及邮购电话：（010）88254888，88258888。
质量投诉请发邮件至 zlts@phei.com.cn，盗版侵权举报请发邮件至 dbqq@phei.com.cn。
本书咨询联系方式：（010）68161512，meidipub@phei.com.cn。

前言

商业演讲是商业人士创造广泛价值的重要途径。很多商业人士因为忙碌而没有时间进行商业演讲,也有很多商业人士由于害羞或不善言辞而错失通过商业演讲挖掘客户价值的机会,对于商业人士来说,这些都是很可惜的。在当今时代,会演讲的人往往要比不会演讲的人更容易取得成功并登上更广泛的商业"舞台"。演讲对商业人士来说越来越重要。

我曾帮助过 10 000 名以上的商业人士学习商业演讲,其中有通过演讲成功中标千万元级别项目的学员,有通过演讲创造千万元级别业绩的微商团队长,有通过演讲竞聘银行行长的高管,有通过商业演讲辅导成为全国培训师比赛前三名的培训师,也有新加坡的上市公司企业家。他们起初并不一定善于演讲,最终却通过演讲为自己的事业开拓了新天地。我会把我的演讲技巧传授给正在阅读本书的你,当你逐字逐句读完这本书后,你会发现你也可以在观者如山的会场上坦然演讲,你也可以通过演讲挖掘事业中的更多价值。

演讲面对的是观众,观众是你挖掘客户价值的重要阵地。能否将观众转化为客户,取决于你的演讲能否获得观众足够多的关注和认可。而观众的圈层对演讲者来说也很重要,如果观众的圈层与演讲者的演讲方向没有什么重合,演讲者的演讲内容就很难激发观众兴趣、引起观众共鸣。本书将指导你如何分析客户,如何找准目标客户,如何明确演讲方向。

掌握正确的演讲流程和方式是做出精彩演讲的重要条件。俗话说"台上一分钟，台下十年功"，台下有多努力，台上就有多精彩。当然，只靠演讲者自身的专业技能是不足以撑起一场比较正式的演讲的，因为能力很重要，流程也很重要。

演讲者要想做有结果的演讲，不仅需要进行正确的人设定位，还需要做好充分的细节设计；不仅需要注重展现自身的魅力，还需要注重团队的协作配合；不仅需要注重把控活动的现场效果，还需要注重活动后的流量转化。本书将围绕演讲前、演讲中、演讲后3个方面为你的演讲提供全方位指导，助力你树立自信心，把控全场，实现价值转化。

目 录

第 1 章
演讲痛点：重建心态，快速成交

1.1 为什么说商业演讲是特别的演讲 / 002

1.2 信任思维：与观众建立信任关系 / 003

1.3 影响力 IP 思维：引起共鸣，打造影响力 / 004

1.4 结果思维：关注商业成交结果 / 006

第 2 章
需求调查：明确目标客户，建立市场

2.1 市场定位：谁需要商业演讲 / 010

2.2 收集信息：充分了解客户 / 013

2.3 挖掘痛点：客户的顾虑和担忧 / 015

2.4 竞品分析：竞争对手在讲什么 / 016

2.5 提炼标签：定义客户特征 / 018

2.6 建立画像：勾勒目标客户 / 019

2.7 客户画像应用：将客户需求融入演讲内容 / 021

第 3 章
人设定位：个性鲜明，体现价值

3.1 演讲目的：根据场景定位角色 / 026

3.2 个人标签：权威感、信任感 / 027

3.3 塑造故事：丰满人物形象 / 030

3.4 演讲之眼：一句话塑造记忆点 / 032

3.5 商业模式：输出优势及价值 / 034

3.6 销售主张：给观众一个成交的理由 / 037

第 4 章
细节设计：你不知道的魔鬼细节正在拉低你的成交率

4.1 表情管理：真实灵动，合作至上 / 041

4.2 声音管理：善用停顿，引人入胜 / 042

4.3 动作管理：善用肢体语言，强调观点 / 045

4.4 服装管理：穿戴得体，匹配情境 / 047

4.5 情绪管理：提升气场，感染观众 / 050

4.6 位置布局：座席安排，影响成交 / 051

4.7 环境布局：善用道具，营造氛围 / 052

4.8 音乐布局：烘托气氛，调动情绪 / 054

第 5 章
彩排准备：演讲高手的修炼

5.1 设计整体框架，把控全局 / 057

5.2 从容自信的心法 / 059

5.3 永远早到 30 分钟 / 062

5.4 练习，练习，再练习 / 064

5.5 预设演讲障碍，形成解决方案 / 065

第 6 章
演讲 PPT：赋能你的精彩演讲

6.1 别让文字模糊重点 / 069

6.2 突出重要内容 / 070

6.3 归纳相关内容 / 071

6.4 一图胜千言 / 072

6.5 版面规整 / 074

6.6 充分利用对比效果 / 075

6.7 整体风格统一 / 076

6.8 充满活力的 PPT / 077

第 7 章
魅力表达：管理演讲表现，输出情绪价值

7.1 视觉：一举一动塑造完美形象 / 080

7.2 听觉：抑扬顿挫，引人入胜 / 085

7.3 语言：避免机械读稿 / 088

7.4 改掉口头禅 / 091

7.5 激情是演讲中的闪光点 / 092

7.6 为观众打造峰值体验 / 094

第 8 章
互动管理：商业演讲是一场能量的博弈

8.1 时间设计：使观众产生意犹未尽的感觉 / 098

8.2 开场设计：避免"自杀式"开场 / 100

8.3 引发讨论：抛出诱饵，挥起提问的"魔法棒" / 104

8.4 掌控问答：占据主动，引导发言 / 106

8.5 聆听回答：说"是"的力量 / 109

8.6 吸引注意力：8 秒之内抓住观众的注意力 / 110

8.7 制造悬念：用罕见的事物激发观众的好奇心 / 111

8.8 感同身受：三步打造强大同理心 / 114

8.9 演讲结尾：总结 + 号召 + 引发思考 / 行动 / 116

第 9 章
故事案例：讲道理永远不如讲故事

9.1 找到故事：选好故事题材 / 120

9.2 加工故事：掌握三大要素 / 122

9.3 分享故事：不同情景，重点不同 / 125

9.4 好故事的两个重要特征 / 127

9.5 五感法成就好故事 / 129

9.6 领导者是会销售故事的人 / 132

9.7 利用成功客户案例引爆成交力 / 133

9.8 解读俞敏洪演讲中的技巧 / 135

第 10 章
促成成交：触发行动，形成商业闭环

10.1 客户心理分析：把握客户想法，精准对接需求 / 139

10.2 结合场景：高价值的演讲现场气氛感 / 141

10.3 加入刺激：限时促销、限量促销、限人群促销 / 145

10.4 销售演讲成交构架 / 147

第 11 章
私域运营：挖掘客户的终身价值

11.1 搭建社群，循环利用流量 / 153

11.2 社群引流，建立私域流量池 / 155

11.3 完善架构，维护社群平稳运行 / 157

11.4 塑造文化，产生归属感 / 159

11.5 提供价值，持续输出优质内容 / 161

11.6 增强互动，延续社群生命力 / 165

11.7 活动刺激，增强客户黏性 / 167

11.8 社群矩阵，从 1 到 N 裂变 / 169

11.9 社群营销，实现客户价值转化 / 172

第 12 章
团队搭建：协同作战，效果最优化

12.1 教练：提升演讲表达能力 / 176

12.2 演讲者：主演主讲，输出内容 / 178

12.3 支持者：忠实观众，带动现场气氛 / 181

12.4 见证者：现身说法，使产品口碑最大化 / 184

12.5 后勤：保障支持物料供应 / 185

第 13 章
直播演讲：如何打造直播的商务感

13.1 直播人群：创始人、CEO / 188

13.2 场景搭建：打造协调的直播环境 / 189

13.3 形象把控：形成良好的镜头感 / 190

13.4 内容设计：宣传为主，卖货为辅 / 192

13.5 直播互动：多种方式实时互动 / 195

13.6 直播特色：打造无法复制的直播亮点 / 198

13.7 设备稳定：网络流畅，画面清晰 / 200

13.8 应急准备：预设突发事件解决方案 / 202

13.9 流量密码：提升直播流量的 3 条规律 / 204

第 14 章
演讲素材库：不同场景的演讲模板

14.1 社交聚会：宣传自己，拓展社交圈 / 208

14.2 行业展会：展示实力，突出产品 / 210

14.3 公司年会：怎样主持高效能会议 / 211

14.4 员工激励：鼓励上进，激发斗志 / 213

14.5 投标谈判：强调优势，凸显经验 / 214

14.6 招商路演：突出价值，明确优势 / 216

14.7 人员培训：简述课程，点明重点 / 218

第1章
演讲痛点：重建心态，快速成交

为什么很多人的商业演讲反响平平？这是因为他们不了解商业演讲的本质。商业演讲与普通演讲不同，它不需要天花乱坠的表达，不需要浮夸的表演；它需要有信任、有结果，尽最大可能地影响观众、实现成交。下面从商业演讲的痛点出发，教你如何重建心态，快速成交。

1.1　为什么说商业演讲是特别的演讲

众所周知，口才很重要，出色的演讲能力可以帮助我们在社交过程中获得更高的声誉，使我们拥有更大的影响力。根据内容的不同，演讲可以分为多种类型，包括政治演讲、学术演讲、商业演讲、道德演讲、法庭演讲及生活演讲等。

本书重点为大家介绍商业演讲，因为商业演讲是我们工作与生活中使用频率最高的演讲类型。它不像政治演讲、学术演讲、法庭演讲那样严肃，也不像道德演讲、生活演讲那样看重表演形式，它更需要真实、真诚。创业者、老板、销售代表或者企业公关在公众场合进行商业演讲，重点是要达到商业目的，实现成交。而那些花里胡哨的表演形式反而会压缩演讲者表达自己主要观点的时间，同时也会模糊重点，使观众的注意力只集中在表演形式上。

为了保证真实，商业演讲在内容上甚至是允许有瑕疵的。例如，在你分享的故事中，你不必把自己塑造得太完美，可以适当表现自己的脆弱，承认自己的缺点，从而使观众感到亲切，进而产生共鸣，与你成交。

商业演讲是一种特别的演讲，它不是一场精心策划的表演秀。因此，我们要建立信任，以结果为导向，聚焦信任思维、影响力IP思维和结果思维，实现成交。

1.2　信任思维：与观众建立信任关系

信任是交易的基础，任何人与你成交都是基于对你的能力、产品、品牌等因素的信任。商业演讲作为一种重视成交结果的演讲，更需要建立在彼此信任的基础之上。那么，作为一名演讲者，你该如何与观众建立信任关系呢？

1. 分享真实的故事

很多演讲者在演讲时喜欢引入故事来佐证自己的观点。那么什么故事能快速带动观众的情绪，使观众产生共鸣呢？答案就是贴近观众真实生活的故事。例如，你可以分享一个自己报名演讲课程的故事："我原来的公司倒闭了，不得不重新找工作，但是三四个月都没有找到合适的。当时我正好在网上看到这个演讲课程，就抱着试试看的心态打算先提升一下自己。后来我凭借出色的口才在面试中俘获了面试官的心，成功入职一家上市公司。"越是朴实的人设，越是真实的情节，越能打动观众，使他们信服。

2. 打开天窗说亮话

我们在聊微信时一般最怕看到两个字，那就是"在吗"。如果回复对方"在"，则怕对方有求于自己，而自己忙不过来，帮不了对方的忙；如果不回复，又怕对方真的有要紧事。可见，"在吗"就是一种不明确的、"兜圈子"式的表达。商业演讲中最好不要使用这样的表达，而要开门见山、直奔主题，打开天窗说亮话。商业演讲的观众往往是带着某种诉求来观看演讲的，如果你一直顾左右而言他，迟迟不能进入主题，那么不仅会降低演讲的质量，还会使观众觉得你的水平不过如此，对你不再信任。

3. 避免过度直率

虽然做商业演讲要"打开天窗说亮话"，但是切忌过度直率。成交的目的终究是要从观众那里获得利益，如果你一直盯着观众的钱包，三句话不离买卖产品，观众自然会对你心存戒备。真诚而有同理心地与观众交流才能赢得观众的信任。不管是介绍自我、沟通观点，还是讲解解决方案、售后服务等，你都要全程站在观众的角度实话实说，不要误导观众，不要过度承诺，这样才能让观众信任你，愿意和你成交。

在商业演讲中，任何表达、形式、内容都是表面文章，信任才是商业演讲真正的核心与本质。只有你在观众心目中是一位值得信任的人，使他们感觉与你成交很安全并且有价值，你才能做出有结果的演讲。

1.3 影响力 IP 思维：引起共鸣，打造影响力

除了塑造值得信任的形象，我们在商业演讲中还要注意打造影响力。那么什么是影响力呢？影响力指的是用别人乐于接受的方式改变别人思想和行动的能力。商业演讲是一种一对多的沟通形式，演讲者想要实现更多的成交结果，就必须拥有强大的影响力，扩大自己的影响圈。

影响圈指的是我们所有可以有所为、有所控的事物。不断扩大的影响圈可以使我们掌控更多的人、更多的事物，使我们的演讲更

容易让观众产生共鸣,更容易得到观众的认可,获得成功。那么如何在演讲中打造影响力呢?我总结了以下3点,如图1-1所示。

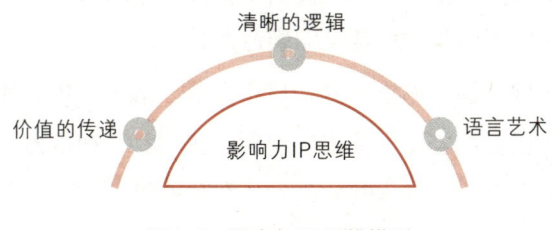

图 1-1　影响力 IP 思维模型

1. 价值的传递

如果剥离服装、容貌、声音、动作等外在表演形式,就可以看出不同演讲者的真正差别其实在于价值的传递。华丽的辞藻及密集的笑料只是你传递价值、体现思想的工具。如果一场商业演讲只有虚张声势的演讲技巧,禁不起推敲和回味,那么这场商业演讲最终会因为缺乏价值而被人们忘却,甚至使人反感。

做一场商业演讲,你需要首先提升自己的内涵,多读书、多思考,总结出自己对行业、品牌、产品等的独到见解,使自己的观点更具有价值,提升自身的说服力,通过价值的传递影响他人的行动。

2. 清晰的逻辑

很多人经验丰富,知识储备也十分扎实,在台下的时候可以做到口若悬河,一上台演讲却变得语无伦次、逻辑混乱,使观众不明所以。没有逻辑的演讲很难引导观众沉浸其中,更不要说影响观众的行为了。因此,一场商业演讲的大纲应该是观点鲜明、有层次、有条理且前后呼应的,这样才能使观众按照你的逻辑去思考,最终与你成交。

3. 语言艺术

有了核心的价值和清晰的逻辑后，你需要使用优美的语言来提升演讲效果。下面是3种常见的表达方式。

（1）自问自答：抛出问题可以引发观众思考，进而使观众对问题的答案记忆更深刻。你提出的问题一定要具有冲击力和代表性，最好能反映观众的痛点。例如，"为什么品牌的市场占有率低？""现在真正风险低、回报率高的好项目是什么？"等。

（2）强调重要观点：对于特别重要的观点，你在演讲时要直白地表达出来，最好能用特别鲜明的话语对重点内容进行强调。例如，你可以这样说："下面说的问题特别重要，大家一定要做好笔记。"

（3）排比句：这种修辞方法的表达效果强烈而有力，特别适合调动观众的情绪，让他们响应号召采取行动。例如，你可以这样说："创新引领未来，创新创造未来，创新成就未来。"

除了表达方式，声音也是影响观众的一大利器。动听的、浑厚的、清晰的声音更容易感染观众，虽然不是每个人都能拥有像播音员一样的优质声线，但是正所谓"话为心声"，只要你的思想是真诚的、诚恳的，这些从心底里发出的信号就会体现在你的声音中，使观众受到感染。

影响力就像一个人的能量场，能量越强，辐射范围越大。我们要让这种影响力成为一种个人IP，使更多人慕名而来与我们成交。

1.4 结果思维：关注商业成交结果

人作为一种社会动物，几乎时时刻刻都在说服他人：说服他人接受自己的建议，说服他人执行自己的计划，说服他人采取行动……说服可以说是一项重要的生活技能。而别人对你的言语反馈就是说服的结果。在商业世界中，这种结果尤其重要，正如史玉柱在《赢在中国》节目中说过的一句话："功劳对公司才有贡献，苦劳对公司的贡献是零，我只奖励功劳，不奖励苦劳。"

可见，商业世界是一个讲究结果的世界，而商业演讲更需要具备结果思维，即做到"把话说出去，把钱收回来"。在商业演讲中，不管是展示、讲座，还是销售、招商，或者只是鼓励、打气，每种交流都有一个目的，演讲者需要带领观众从 A 点（观众从前的认知）抵达 B 点（演讲者的演讲目标）。

B 点应该是每位演讲者坚定不移的目标，但是事实上很多商业人士在演讲时忘了关注 B 点，在演讲布局上更是缺少结果思维和成交系统。

在一场销售演讲会上，演讲者小张介绍了公司背景、产品从设计到生产的过程。他的口才非常好，段子和金句一个接着一个，现场观众笑声不断，现场气氛十分热烈。然而，演讲结束后，小张却发现自己的销售额不尽如人意，大多数观众听完演讲就走了，有的观众甚至都没有来咨询产品。

为什么销售演讲会的现场气氛和成交结果相差甚远？原因就是小张没有在演讲中运用结果思维。小张在演讲中介绍了公司背景、产品生产过程，可是这些都不是观众在购买产品时看重的因素。决定观众是否会购买产品的是产品的价值是否符合观众的预期，以及产品是否能解决观众的问题，但是小张没有具体讲述这些内容。也就是说，小张的演讲其实是偏离主题的，他没有围绕结果（销售产品）进行层层布局，虽然输出了不少段子和金句，但是实际上只讲了一些边缘内容，最后可能使观众记住了公司成立的时间或公司发展过程中的故事，却无法使观众了解产品有什么优势。

那么，我们如何以结果为导向布局演讲呢？

1. 了解客户需求

无论是演讲还是成交，都是人的问题，只要把人弄明白了，也就成功了一大半。商业演讲的观众同时也是客户，我们需要像产品经理一样在演讲前做好调研：先充分了解客户的需求，明确他们有哪些困扰、问题；然后，将这些问题的答案设计在演讲内容中。

2. 加入吸引人的案例

真实的故事不仅有助于提高观众对演讲者的信任度，还有助于观众做出成交决定。例如，我们想向观众推销减肥产品，任何对产品功效的描述都不如一张用户使用产品前后的对比图更有说服力。

3. 促成成交的号召流程

在演讲的最后，我们要加入一个强有力的结尾，通过行之有效的促成成交的号召流程增强观众对产品的信心。例如，我们可以说"现场成交的客户，每人可获得豪华大礼包一份"，也可以说"你的生活可以平平淡淡，但不能平平庸庸，从现在开始给自己一个机会，加入我们，一起成就梦想"等。

商业演讲不是为了讲话而讲话，而是要拿自己的东西去与别人成交，因此结果思维很重要。如果演讲者想到哪说到哪，只会让商业演讲变成一场华而不实的表演。

第 2 章

需求调查：明确目标客户，建立市场

很多人在准备演讲时会产生一种惯性思维，即以自己公司的资料或产品说明书为演讲内容。但是事实上，这样的演讲更像是说明书的说明会，很难调动观众的兴趣。观众真正感兴趣的内容一定是与自身利益相关的内容，因此，演讲前的需求调查很重要，它可以帮助演讲者明确目标，有针对性地输出内容。

2.1 市场定位：谁需要商业演讲

曾经有一位化妆品行业的老板向我咨询，说他们公司一年会做二三十场关于化妆品的宣讲会，开始时大家会冲着礼物或宣讲主题的噱头来参会，兴致高昂，参会人数也不少，但是到了后期，参与宣讲会的人越来越少，会场都坐不满。后来，这位老板加大了对宣讲会的投入，对会场布置和邀约机制进行了改进，但是依然无法改变这种状况。

然后，我帮他对宣讲会进行了诊断。我发现他们公司的每一场宣讲会的模式几乎都一样——一样的 PPT，一样的主讲人，一样的介绍产品功效的内容，甚至连反馈数据的方式都没有什么变化。其实这也是大多数商家在做宣讲会时容易犯的一个错误，就是只做单纯的推销和说明，不关心内容是否可以引起客户的兴趣，所以成交率和投入产出比非常低。

后来，我帮这位老板做了一个调整。**我告诉他每一场宣讲会都是一场重要的销售和营销的活动。**首先，他需要在事前设定目标。只有设定好了目标，才能知道宣讲会要邀请什么人来、讲什么内容。

其次，他需要根据邀请的人的属性去分析和确定演讲主打的内容的聚焦点。例如，不同身份的女性对美妆的要求是不同的：全职妈妈更注重生产后的皮肤管理，职场女性更注重化妆和抗衰老，年轻女孩则比较关注祛痘和护肤。只有找对了聚焦点，我们才能成功地使产品和客户建立连接。

除了精准地确定目标客户，制定演讲目标还可以帮助我们确定要邀请多少客户。例如，我想举办一个线下沙龙，想成交 20 名客户，创造 10 万元的成交额。我就可以根据这个目标和我过去演讲的转化率倒推我应该邀约到场的人数。假设我过去的转化率是 20%，那么我需要邀请 100 个人到场，才有可能成交 20 名客户。另外，我不能随便邀请 100 个人，而要保证他们与演讲的主题相匹配。

可以说，我们有多少位精准的听众，就会有多少位成交的客户。下面分享一个客户转换公式：

客户数 = 准客户数 × 转化率

关于如何制定演讲目标，下面给大家分享一个实用工具，即 SMART 原则。SMART 原则由管理学大师彼得·德鲁克提出，最开始出现在他的著作《管理的实践》中。根据德鲁克所说，一位优秀的管理者应该懂得如何避免"活动陷阱"（Activity Trap），不会只顾低头拉车，忘了眼观六路、耳听八方，进而忽视自己的主要目标。

这个工具在演讲中同样适用。整场演讲的设计应该始终贴合一个主要目标，以始为终地去演绎。以下是 SMART 原则的具体解析。

1. 明确的、具体的

演讲目标必须是明确的、具体的，具有明确性（Specific）。制定的目标要切中观众的痛点，不能模糊不清。明确具体的目标，是指要达成的行为标准必须由具体、详细的语言阐述出来。例如，每场宣讲会与 20 个人成交，这是一个具体目标；而提升每场宣讲会的成交量，就是一个模糊目标。如果制定的目标不够明确、具体，态度模棱两可，会导致演讲缺少明确的方向，内容杂乱无章。

2. 可量化的

演讲目标必须是可量化的，具有可衡量性（Measurable）。制定的目标必须数量化和行为化，这样有利于人们清晰获得验证成果的有效数据或者信息。制定的目标明确而不模糊是可量化的基本标准。在量化目标时，要有一组明确的数据作为参考，比如成交量、到场人数、邀约人数等。

3. 可达成的

演讲目标必须是可达成的，具有可达成性（Attainable）。演讲者一定要避免制定过高或者过低的目标，这样会导致制定的目标无效化。例如，宣讲会到场人数只有几百人，而且公司产品的单价也不高，演讲者却制定了成交额破千万元的目标。可想而知，这个目标一定是完不成的，也就无效了。

4. 与目标相关的

我们可以在一场商业演讲中制定多个目标，但是目标不应是独立的，彼此之间要具有一定的相关性（Relevant）。例如，主要目标是与 20 人成交，分支目标是邀约到场 100 人、有超过 20 人有购买意向、咨询人数超过半数等。后面的多个分支目标都是为成交目标服务的。

5. 有时间限制的

目标的达成期限必须明确而清楚，具有时限性（Time-bound），即目标要有一定的时间限制。倘若目标没有时限性，同样也会导致目标失效。例如，每场演讲结束后及时统计的成交额能够反映演讲的效果。如果月终或年终再统计，就反映不出演讲的成交效果了。

商业演讲 50% 的成功概率在于如何策划和准备，也就是说，在演讲开始之前我们基本能够预测演讲是否会成功。一位精明的 CEO（首席执行官）在做商业演讲时要学会用以终为始的思维去准备商业演讲，即先以结果为导向制定演讲目标，然后再做各种各样的准备。

2.2 收集信息：充分了解客户

有一句话是这样说的："人们并不在乎你有多厉害，他在乎的是你有多在乎他。"

要想赢得客户、实现合作，就要去了解你的客户，为他们解决问题。创造价值才是重中之重。

做好市场定位，明确谁需要商业演讲之后，我们就要收集信息，以便充分了解客户。了解客户的身份特征，用心揣摩客户的喜好与需求，具体可以从以下 2 个方面入手。

1. 结合客观情况进行分析

通过分析客户的职业、年龄、性别及现场的客观情况等，我们便能够对客户的兴趣与需求有一个大致判断。我们可以想象一下这个场景：某公司的年度业绩考核刚结束，上级安排了专业培训师为业绩垫底的销售团队提供培训。由于业绩不理想，大家都非常沮丧。

看着垂头丧气的销售员们，培训师用饱满、激昂的语气说道："大家打起精神来，一次失败不算什么，我们应该立刻开始为下一次成功做准备。我曾经带领许多团队获得业绩第一的好成绩，希望大家能够信任我。下面请大家看一下PPT，我们开始今天的培训。"

销售员们大概率会非常认真地倾听这位培训师接下来讲述的内容，因为培训师说的话满足了大家想提升业绩的需求。这种需求是"销售团队成员"这一特殊身份和"业绩垫底"这一客观情况的反映。

2. 找到比较有影响力的客户作为首攻对象

我们在对客户的信息有了比较深入的了解后，就要学习如何对客户进行分类，如何抓住有影响力的重点客户，从而提高演讲的成功率。

第一，对客户进行分类。我们在面对数量众多的客户时一定要注重分类，这样可以有效提高信息利用率。客户通常可以分为三类：重点客户、主要客户、普通客户。我们应该建立科学的分类机制，采取不同的方法攻克不同观众的心防。

第二，优化资源配置。在资源配置上，对于不同的客户，我们要提供不同的服务，不能出现平均主义或本末倒置的现象。对于重点客户，我们可以多与他们进行交流，或者让他们提出一些有代表性的问题，将有限的注意力放在比较重要的客户身上。

2.3 挖掘痛点：客户的顾虑和担忧

在充分掌握客户信息后，我们需要进一步分析客户的特点，挖掘痛点，明确客户的顾虑和担忧，并找出产品的卖点，更好地吸引客户。

1. 充分解读客户心理，满足客户真正的需求

对演讲者来说，充分解读客户心理，满足客户真正的需求是一件非常重要的事情。这可以吸引客户的注意，使客户忽略演讲过程中的缺陷，增加客户对演讲者的好感。作为演讲者，如果我们不能满足客户真正的需求，即便我们再优秀，演讲也可能面临失败。

有一部分演讲者往往认为自己的想法就是客户的需求，依照自己的判断设计演讲内容，而不能够满足客户真正的需求。我们需要明白，一场演讲是否满足了客户真正的需求，应该由客户判断，而不应该由演讲者判断。

网络上的信息十分繁杂，面对各种各样的信息，人们往往只愿意接收自己感兴趣的，客户也一样。在一场演讲中，客户往往只会关注自己感兴趣的内容。因此，我们需要充分解读客户的心理，了解客户的喜好，努力输出更多客户感兴趣的内容。在演讲过程中，简洁、精练的内容更有吸引力，因此，我们在演讲时要突出核心优势，展现亮点。

2. 梳理演讲内容，找出吸引客户的"卖点"

对客户来说，一场演讲合不合格，主要看这场演讲能不能为客

户带来利益。一位优秀的演讲者能够预判客户的需求，并在此基础上优化演讲内容。因此，在演讲之前，我们应该梳理演讲内容，挖掘自身的独到之处，为客户提供一些特别价值。

我们需要在演讲中不断地调动客户的情绪，使客户始终情绪饱满。我们可以通过解读客户关心的内容、看中的问题，吸引客户的注意力，打消客户的疑虑。

2.4　竞品分析：竞争对手在讲什么

我们不仅需要了解自身情况，还需要了解和掌握竞争对手的情况。了解竞争对手不仅能够帮助我们了解市场状况，还能够帮助我们对比出自身的优势和劣势，从而优化演讲内容，提高自身的市场竞争力。

例如，一位餐馆老板在演讲时说："市面上有很多粤菜馆，但是正宗的并不多，我们家的粤菜馆由来自广东的厨师掌勺，绝对原汁原味，还原正宗的粤菜味道。"这就是一个对比竞品的表述方法，通过对比竞品表明这家店的粤菜口味正宗，暗示想吃纯正粤菜的客户一定要来品尝。

我们可以从以下3点对竞争对手进行分析，获得真实、有效的信息，如图2-1所示。

1. 把握竞品的卖点

在商业演讲中，我们需要把握竞品的卖点，着重突出自己的产品的独特优势。例如，市面上有种类繁多的音乐App，每种都有不同的卖点。例如，QQ音乐、酷狗音乐等老牌音乐App，它们的卖点是功能全面，拥有海量的歌曲、多样的音乐分类列表，以及听歌识曲等功能，可以满足用户不同需求。如果我们需要在商业演讲中推广一款音乐App，就需要分析市面上的音乐App，把握它们的卖点，并取长补短，显示出这款音乐App的独特优势。例如，唱吧App的CEO陈华在凤凰财经峰会的演讲中就将唱吧App的产品客户定位为爱唱歌的人，与其他只能听歌的音乐App形成了对比。

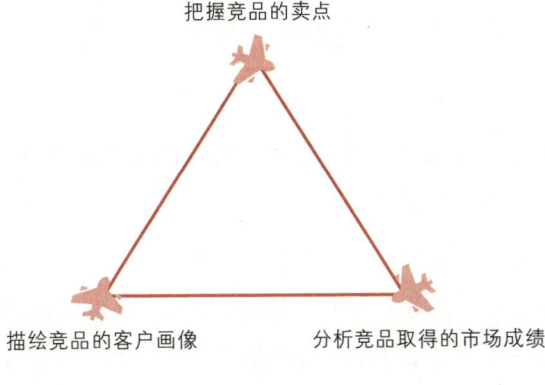

图 2-1　竞争对手分析

2. 分析竞品取得的市场成绩

能够在市场上生存和发展的竞品必然有其过人之处。因此，我们还需要对竞品取得的市场成绩进行分析、研究，总结竞品成功的因素及受欢迎的原因，并将可以借鉴的经验运用到自己的产品中，取长补短，发展自身。

3. 描绘竞品的客户画像

我们需要描绘竞品的客户画像，为自己的产品的发展提供参考。在描绘竞品的客户画像时，我们先要对客户进行分类与整理，了解客户对竞品的依赖程度为什么那么高，竞品是如何产生客户黏性的等；然后再学以致用，为自家产品赢得客户做准备。

对竞品进行充分的分析和了解有助于我们找到自己的产品的竞争优势，从而更好地将竞争优势融入演讲内容，让客户感受到产品的差异性。

2.5 提炼标签：定义客户特征

我们在充分了解客户信息之后，需要对客户的属性与标签进行提炼，完整定义客户特征。我们要在客户的众多属性中抽丝剥茧，提炼关键标签。关键标签指的是导致客户对目标产品产生差异行为的核心因素，包括性别、年龄、性格、爱好等，我们需要深入分析客户对产品产生差异行为的主要原因。

例如，金融行业的客户在选择金融产品时是倾向于理财还是消费，在办理业务时是偏爱线上办理还是线下门店……这些差异化的选择可能是由理财观念、收入水平、互联网使用程度决定的。客户的性格、家庭与学历也可能对其选择产生影响。因此，我们要结合客户画像有目的地提炼关键标签，找出导致核心问题产生的原因。

在确定关键标签后，我们可以将每个关键标签都作为一个维度，并将收集到的客户信息归类到这些维度中。例如，客户的互联网使用程度、收入水平、理财观念是其对金融产品产生差异行为的关键标签，我们可以依照这3个维度将客户信息分成3类，即互联网使用程度相关信息、收入水平相关信息、理财观念相关信息。

2.6 建立画像：勾勒目标客户

在确定关键标签之后，我们需要将各个维度的信息进行串联，总结出客户画像的核心特征，即建立真实可靠的客户画像。第一步是整理客户信息；第二步是尝试将每个维度中的信息串联起来，组成具有代表性的客户形象，具体方法主要有以下 2 个。

1. 覆盖每个关键标签两端的"极端信息值"

我们在建立客户画像时需要在众多的目标客户中寻找具有代表性的客户。具有代表性的客户指的是在其拥有的核心特征中，部分属性属于极端需求的客户。产品只有覆盖了这部分极端需求，才能够找到设计边界。然而，许多演讲者在勾勒目标客户时往往只关注"高信息值"，而忽略了"低信息值"，导致演讲内容可以满足专业客户的边缘需求，却无法满足"小白"客户的专业需求。因此，我们在建立客户画像时要考虑两端的"极端信息值"，以满足专业客户与"小白"客户的需求。

2. 合理连接客户行为集中的信息值

一般具有一定群众基础、数量占比大的客户群体才会被称为具有代表性的客户。因此，我们在连接关键标签的信息值的时候也需要考虑具有代表性的客户的数量，防止连接出一个现实中不存在的客户形象。

许多演讲者一味追求连接每个关键标签的"极端信息值"，想要找到最典型的目标客户；但是将这些信息值连接起来还原成客户形象时，可能会发现这类人在生活中十分稀少，甚至万中无一。显然，这种"极端信息值"已经偏离了正常客户的范围。因此，我们需要合理连接"极端信息值"，保证目标客户真实存在，否则即便描绘出客户画像也毫无用处。对此，最简单的方法是将客户画像与真实画像做比较，看其是否可以匹配真实的人物原型。

下面以某个食品公司对美食爱好者的行为研究为例，分析客户画像是如何建立的。

该食品公司通过调研收集了丰富的美食爱好者行为特征，将"美食消费观""美食社交倾向""美食热衷度""美食主见度"作为影响客户差异化行为的关键标签，并将这4个维度的信息进行了分类汇总。该食品公司使用2种方法将信息值进行连接，最终形成了3种客户画像。

第一种客户通过美食来了解世界，十分尊重美食，愿意花费精力去搜寻美食。同时，他们还认为"吃"是一种很私人的事情，他们会独自研究、享受、回味，而不会与其他人分享感受。他们对美食十分着迷，会花费大量时间研究与记录美食并享受这个过程。

第二种客户喜欢聚会，与人分享美食能够使他们获得成就感。他们对美食信息了如指掌，对店铺的优惠活动、新餐厅的开业日期等一清二楚，甚至会主动向朋友推荐。他们有时候不仅会与朋友分享美食，还会在社交媒体上与大众分享美食，凭借"吃"的本领在美食领域获得一定的声誉。

第三种客户热爱社交，但是对美食缺乏见解，只是美食的跟随者，喜欢与朋友聚在一起。当这类人有品尝美食的欲望时，就会呼朋引伴，共同商议。与其说他们享受美食，不如说他们享受与朋友在一起的时光。

这 3 种客户能够反映生活中大部分美食爱好者的状态。该美食公司根据不同的客户画像举办了多场美食推介会，不仅实现了良好的产品收益，还得到了优秀的产品优化方案。

2.7 客户画像应用：将客户需求融入演讲内容

我们在成功输出客户画像后，如何将客户需求融入演讲内容，灵活运用客户画像呢？商业演讲大多是方案式演讲，目的是解决问题。与此同时，客户有一定的购买意愿，往往是带着疑惑，怀着观察、评判甚至寻找破绽的心态来观看演讲的。以下是在演讲过程中对客户画像的具体应用。

1. 破冰阶段

演讲的开头，也就是破冰阶段，其表面的作用是引领兴趣、缓和气氛，实际的作用是吸引客户的注意力。我们可以根据客户画像，通过问题简述、故事简述、新闻简述的方式，从客户的某个兴趣点切入开始演讲。

1）问题简述

以某个客户关心的问题或兴趣点开场，将客户的注意力集中到一点。例如，我们可以这样说："我最近状态不好，因此我一直在思考一个问题：为何企业运维系统建立起来后，我反而比以前更累了呢？"这个问题将自己的处境和客户的处境对接，放低了姿态，使客户将思绪收拢到这个问题上，进入跟我们同步的思维频道。

2）故事简述

抛出一个简短的故事（自身相关事迹或某位客户的故事），将客户的痛点具体描绘出来。例如，一位智能交通领域的专家说："我住的宾馆比较偏远，今天为了赶上午十点的交流会，我八点半就出发了。我叫了一辆专车，谁知道在路上堵了近一个小时，我不得不下车扫了一辆共享单车，穿了几条小巷到公司。这一路上惊险不断，在咱们公司前的十字路口，有辆电动车闯红灯，差点跟我'亲密接触'。事后我还想，我是做智能交通的，要是出了交通事故是不是也算积累经验了呢？看来咱们做智能交通是迫在眉睫的事了。"

这个故事非常生活化，点出了智能交通要重点解决的问题，即交通拥堵。而且专家放低了姿态，对自己进行调侃，不仅引出了演讲主题，还使现场气氛变得更加融洽。

3）新闻简述

简单描述一个与演讲主题相关且大众关注的新闻内容来吸引客户的注意。例如，一位研发互联网就医平台的工程师说："不知道最近大家是否看到一则新闻，一位病人因为去了一趟洗手间错过问诊时间，找医生抱怨为什么不及时通知他。医生因为还有其他病人在看诊，就让他出去先等。结果病人因为不满意医生的回复而跟医生吵了起来。我当时就想，如果这家医院有一套互联网就医平台，就可以解决这个问题。相信在座的各位也想知道互联网就医平台是如何解决问题的，下面我们一起来看一下。"

工程师通过描述新闻内容点出了客户关心的现实问题（如何避免就诊过号），由此引出演讲的主题（互联网就医平台），调动起客户的兴趣。

2. 正式演讲

在正式演讲的过程中，我们需要讲解很多内容，比如公司介绍、方案设计及案例应用等。有时我们在讲到一半时会发现，台下观众的眼光开始游离，或者反复摆弄手机，或者打瞌睡，这时我们就需要注意了，可能是我们的演讲内容没有契合观众的需求，对观众没有什么吸引力。

一些演讲者总喜欢使用"高端"的演讲形式，缺乏专家见解，却喜欢使用专业术语，导致自己的演讲不仅四不像，还非常无趣。如何把观点讲得更鲜明？如何提升演讲内容的吸引力？答案就是讲案例。将每一个产品特性和客户痛点故事化，引导客户联系实际情境去理解内容。

例如，一位负责研发网管系统的经理说："我们这套网管系统很方便，可以做到事前预警、事中控制、事后评估，且全部支持远程作业。去年，有位北京客户的网管部几乎每个星期都要报销两张快捷酒店的发票，一个季度下来支出高达1万元。这位客户去询问网管部的领导，得到的答复是网管部天天加班，住得远的同事半夜回不了家只能住宾馆。这个现象说明他们公司的网管部工作繁忙，不仅员工工作辛苦，公司支出成本也高。后来他们公司引进了我们的网管系统，第一个季度报销的快捷酒店的发票就少了一半，第二个季度少了三分之二，极大地提高了网管部的工作效率。"

在这场演讲中，经理先通过描述一个情境提出了很多公司的一个痛点问题——网管部工作效率低，然后将自己的网管系统引入公司作为解决方案，顺理成章地展现了产品价值。

3. 演讲结束

很多演讲者在演讲结束时喜欢说:"现在演讲结束了,大家还有什么问题要问我?"这时候千万不要看着台下一言不发,这样会把提问权完全让给观众,很容易出现非常尖锐的问题。如果观众提出的第一个问题恰好非常尖锐,就会挫伤演讲者的锐气,削弱演讲的现场效果。

我们应该引导客户提问。如果我们擅长的领域是 A、B、C,就可以说:"现在演讲结束了,大家还有哪些问题或困惑需要解决?例如,对于 A、B 或 C 方面的问题或困惑,我可以用自己的经验和大家交流一下。"这样可以把观众的思绪收敛起来,使观众的提问不偏离我们掌控的领域。

商业演讲的观众不是来看我们的演讲形式华不华丽的,而是来看我们的产品合不合适的,他们会站在审判者的角度审视我们的演讲内容。所以,我们在演讲的过程中要紧扣客户需求,积极帮助客户解决问题,以为演讲效果加分为前提来设计每一个行动。

第3章
人设定位：
个性鲜明，体现价值

　　成交的前提是信任，所以构建一个值得信任的人设也是商业演讲者的重要工作。为什么知名品牌的 CEO 喜欢自己做演讲，比如苹果的乔布斯和小米的雷军等，这是因为他们的 CEO 身份更值得信任，他们对产品的说明也更具有说服力。

3.1 演讲目的：根据场景定位角色

为什么以罗辑思维扬名的罗振宇在跨年演讲上可以独自一人连讲 4 小时，并且收获了超高的收视率？这是因为罗振宇定位明确，始终以一名知识供应商的角色与大家一起交流，所以他能在舞台上侃侃而谈、充满激情地连续演讲 4 小时。

对商业演讲者来说，"角色定位"极为重要，在不同的讲话场合，你需要随时切换自我"定位"。例如，在公司内部，作为管理层对基层员工讲话，你需要展现作为团队领导者的霸气和担当，才能获得员工的信任；在招商会上，作为公司代表，你需要向客户展现自己对公司产品和服务的信心，才能获得客户的青睐；在社交宴会上，作为某个领域的佼佼者，你需要展现自身的魅力和价值，才能拓宽交际圈。可见，演讲中解决"我是谁"的问题非常重要，下面分享根据场景定位角色的 3 个步骤。

1. 选择角色

演讲者要根据演讲目的选择在演讲中的角色。例如，这次演讲是想塑造个人形象还是想塑造企业品牌形象？是想销售产品还是想传递思想？只有明确了演讲目的，选择好在演讲中的角色，演讲者才会有重点、有逻辑。

2. 进入角色

演讲者要用自己选择的角色的特有方式进行演讲。进入角色是整场演讲的主体部分，演讲呈现得好不好，和演讲者的语气、表情、动作、手势等是否贴合角色有重要的关系。

3. 跳出角色

除了要进入角色，演讲者还要学会跳出角色，也就是说，不要把自己禁锢在选定的角色上，而要站在更高的层次去审视自己和演讲，从而不断追求进步。另外，快速跳出角色也有利于演讲者迅速进入下一场演讲。

优秀的商业演讲者是非常擅长角色转换的，他们在台上时可以充满霸气和风范，在台下时又能以谦逊的态度与各行业观众交流。如此通透多面，才能长时间站在舞台上自信发言、侃侃而谈。

3.2 个人标签：权威感、信任感

我有一位学员是一家礼品定制集团的董事长，因为他觉得自己口才一般，所以花了 20 万元请一位名师来帮他做招商演讲。在整个招商演讲的过程中，这位董事长只是作为公司的代表坐在台下观摩，不管是开场白还是介绍公司，甚至是介绍产品，都是由这位名师负责的。结果这次招商演讲成了历年来效果最差的一场。

后来，他来找我，想让我帮他解惑。我跟他说，虽然这位名师在演讲界、主持界都很有名，但是你的经销商、你的听众和他之间没有信任感。没有信任感，人们自然无法和你成交。

做商业演讲有一个很重要的中心思想，就是 CEO 要成为公司的代言人，在关键时刻站出来为公司发言。例如，小米的每场发布会都有雷军的身影，他会亲自为观众介绍品牌理念、公司的战略布局及产品的优势和价值。因此，小米的每场发布会都会引起业界的关注。

这是 CEO 的权威感、信任感在帮助发布会和产品大放异彩。试想，如果小米的发布会请了某位不相干的明星去讲话，还会有这样的效果吗？大概率不会。如果小米的观众和客户不信任这位明星，又怎么会相信他站台的产品呢？那么，如何定位人设，塑造权威感、信任感呢？下面分享 3 个人设定位方法。

1. 成就能力事件

要想知道什么人设才是最适合自己的，就要梳理自身的能力，找到自己最有成就感的事情，由此塑造令人信服的人设。如何梳理自己的成就能力事件？这里有一个公式：

成就能力事件 = 做过什么 + 做成什么 + 正在做什么

例如，我想将自己定位成一位资深的演讲教练，就可以进行如下梳理。

（1）做过什么。我从事过商业演讲、连锁品牌经营、销售、领导力管理培训等工作，创业多年，担任过多家公司的管理顾问。

（2）做成什么。我开发了很多演讲课程并打造了一套自创的课程体系。我去过 100 多个城市，做过 3000 多场演讲，成交额都在千万元以上。

（3）正在做什么。我正在从事商业演讲辅导、个体演讲培训等工作，目的是帮助更多人实现有结果的商业演讲，扩大创始人IP影响力，使他们走向国际市场。

按照这个公式，演讲者可以非常有条理地将自己的成就和有价值的经历梳理出来，突出说明自己的优势。以自身真实的经历和成就为人设背书，可以提升权威感，使语言更有说服力。

2. 行业细分定位

通过行业细分定位也可以锁定优势，塑造独特的人设。例如，在众多考研教育培训课程中，张雪峰的讲座为什么如此受欢迎？其中既有偶然，也有必然。

偶然的是他在讲座中妙语连珠。张雪峰讲课的语言风格幽默风趣，网友称其为被教师职业耽误的段子手。必然的是他缜密扎实的知识体系。虽然张雪峰在台上妙语连珠、幽默风趣，但是一堂课讲完，该说的"干货"一点也不会少，让学生收获满满。

除了语言风格等外在因素，张雪峰一直在钻研考研领域，将领域内的事情理解得非常透彻，知道怎样能让学生听得舒服、兴奋，知道如何抓住学生的注意力。对考研指导来说，这就是张雪峰比其他考研指导教师更专业的地方。专注考研教育培训就是张雪峰的行业细分定位，可以凸显他的专业性，使他输出的信息更值得人们信赖。

3. 兴趣爱好

如果你不想让自己的人设过于苍白、死板，那么你可以从兴趣爱好出发去塑造人设，使自己的人设更加立体、鲜活。例如，如果你到某体育学校演讲,可以在开场的时候说:"我个人非常喜欢体育运动,在学生时代,我还曾经是学校田径代表队的队员,拿过许多奖牌。"从兴趣爱好出发去塑造人设不仅可以使自己的形象更加丰满,还可以迅速与有共同兴趣爱好的观众拉近距离,使他们觉得与你有共同语言,从而提升对你的好感度。

3.3 塑造故事:丰满人物形象

演讲者在进行商业演讲时往往需要塑造故事,打造合适的人物形象并使其更加丰满。例如,苹果公司的第一个个人计算机发布会被称作苹果公司史上最成功的发布会。在发布会上,乔布斯播放了恢宏的天地初开的影视片段,布置了耀眼洁白的灯光,聘请了吟唱《哈利路亚》的唱诗班。

在这种如同音乐剧般的情景模式下,产品经理乔布斯像是一位具有神秘色彩的先知,拯救面临困境的苹果公司。而苹果公司也确实在乔布斯的带领下如同神话般起死回生。乔布斯认为,会讲故事的人是世界上最有权力的人,因为他们设定了未来的场景、价值和流程。乔布斯本人就是一位会讲故事的人,他的演讲就是在不断地为人们讲故事,在传递品牌价值的同时也丰满了人物形象。

在丰满人物形象方面,讲故事比开门见山式的自我介绍更吸引人。故事中最不可缺少的是人物。人物的行为推动故事情节的发展,故事情节的发展反映人物的个性。人们可以通过一个故事判断一个人的个性和特点。有时候,故事可能会颠覆一个人物在大众心里的形象。例如,潘仁美的原型潘美在历史上是一位拥有赫赫战功的良将，而在小说《杨家将演义》中，潘仁美却是一个公报私仇的奸臣。有时候，故事也可以美化一些人物形象。历史上，草船借箭的主人公是孙权，但是在《三国演义》中，草船借箭的主人公则被设计成了诸葛亮，以凸显他运筹帷幄的形象。

在商业演讲中，演讲者需要为自己打造一个吸引人的形象来增强说服力，而通过讲故事为自己打造形象则更容易被观众接受。

例如，演讲者如果想要说明自己有爱心、喜欢小动物，可以讲述自己在流浪动物收容站做义工的经历，观众会从故事中感受到你对小动物的喜爱。故事是一种社交工具，不仅可以传递信息，还可以打造形象。人人都有向往美好的心理，一个美好的形象通常更有说服力。演讲者利用故事打造美好形象时需要注意以下3点。

（1）故事中的人物形象要联系实际。用故事打造人物形象的前提是不能够脱离实际。草船借箭安排在诸葛亮身上之所以十分合理，就是因为诸葛亮本身就运筹帷幄、聪明睿智，安排在他身上可以说锦上添花、令人信服；如果安排在张飞身上就不太合理了。

（2）故事中的人物形象要有明确指向性，不能够与目标背离。演讲者在讲述故事之前需要确定自己的人物形象，并在这个人物形象的基础上进行发散。如果你想打造一个敬业守时的人物形象，却讲述了一个迟到的故事，那么这个故事并不利于你打造该人物形象。

（3）故事中的人物形象要有立体性，不能够扁平化地进行处理。演讲者通过讲故事打造人物形象时很容易产生人物扁平化的问题，因为演讲者很容易下意识地对人物形象进行过度美化。也许在演讲者眼里，这个人物确实十分完美，但是在观众心目中，完美的形象不够真实，有时候还会引起他们的质疑和抵触情绪。因此，在打造美好形象的同时,可以添加一些无伤大雅的小缺陷,丰富人物形象。

3.4 演讲之眼:一句话塑造记忆点

每位受欢迎的博主或主播都有一两个令人印象深刻的记忆点,成为他们区别于他人的特点。例如,提到"一个集美貌与才华于一身的女子"就能够想到×××,提到国风就能够想到×××等。如果演讲者想让观众记住自己的人设,就要学会精简内容,塑造一两个具有特色的记忆点,占据观众的内心。

1. 贴标签、提高出现频率

演讲者想要快速被观众记住,就需要简化观众的记忆负担,可以采用贴标签的方法,同时在记忆频率和强度方面刺激他们,提高出现频率。

贴标签指的是演讲者先将人设浓缩成简洁的词语或句子,然后传达给观众。例如,一个人的人设是专业商业演讲培训师,演讲的风格幽默风趣。那么他的人设可以浓缩为专业、风趣,他可以将这两个词语传达给观众。

2. 打造有趣的灵魂

观众在观看演讲时会对一些有趣的内容印象深刻,比如有趣的段子、出乎意料的事件等。因此,为了吸引观众的目光,演讲者需要学会提升自身的幽默感,将演讲内容与段子结合,"打造有趣的灵魂"，增加记忆点，使观众在捧腹大笑的同时记住演讲内容。

美国的一家调研机构曾经对一家大型销售公司进行问卷调查。调查结果显示，幽默开朗的销售人员的成交率比严肃的销售人员的成交率更高，这表明幽默是一种促销策略。幽默能够唤醒观众愉悦的情绪，使演讲的效果得到更好的发挥。将段子或者无厘头电影作为广告载体，可以自然而然地将关键信息传递给观众，观众也很乐意接受并进行传播。可见，幽默的人更容易实现演讲目标。

例如，某公司业务部经理小王的工作能力十分突出，且为人友善，但是身材矮小。不过，他并不介意别人提他的短板，反而善于利用这一短板化劣势为优势。有一天，他为公司的员工进行培训。在培训中，小王本想在黑板上做笔记，却不想黑板摆放得比较高，自己根本够不到。于是小王收起粉笔，对员工说："黑板真是太高了，我应该带个小板凳过来。不过，公司之所以派我来为大家培训，是因为我在任何场合都挡不住公司的 Logo。提到公司 Logo，那可是历史悠久……"随后，小王自然地为大家讲解起公司的历史。

小王通过幽默的方式既化解了尴尬，又让大家在笑过后能够集中精力倾听其讲解公司的发展历史，还拉近了与员工的距离，在员工心目中树立了一个平易近人的形象。在工作中，这些员工也能够与小王配合得更好。

要想快速被观众记住，就要建立一些明确、简短的标签，掌握一定的幽默语言，这样观众才能够在这些标签出现时想到你。

3.5　商业模式：输出优势及价值

演讲者可以通过对商业模式的详细描述突出自己的专业性和价值，增强观众对他们的信任感。观众在购买一项服务或一件产品时，肯定希望对它们有所了解，包括它们的价值、好处、风险。对于这些内容，演讲者介绍得越具体，越能够在观众面前打造专业的人设，增强观众对他们的信任。下面以一个招商会演讲为例，介绍演讲者应如何在演讲时介绍自己的商业模式。

1. 介绍公司的发展进程和下一步计划

在某个小家电展销会上，招商人员小张向加盟商介绍了自己的公司："下面我为大家介绍一下我们公司的发展进程和下一步计划。我们公司主营小家电，以扫地机器人、空气净化器的研发与销售为主，逐渐将领域拓展到洗碗机、抽油烟机、洗地机等清洁类家电的细分领域。公司经过多年的发展，业务能力已经处于行业内领先水平，受到了广大消费者的喜爱。目前，公司的扫地机器人销量已经突破200万台，在同品类家电品牌中遥遥领先。

"公司最初以互联网为主题进行线上销售，随着公司经营规模的扩大，又开设了线下门店，突破了传统的卖场模式，做到了线上线下一体化，增强了客户体验，提升了品牌知名度。

"同时，随着公司规模的扩大，公司正在进行融资，融资资金将用于产品的研发，形成资本的良性循环，从而提高公司的知名度，增加与竞争对手对抗的实力。"

小张首先用总结式的开头引起了加盟商的注意，然后介绍了公司的经营内容、经营成绩及未来发展空间,将公司的整体实力完整地展现给加盟商,增强了加盟商对公司的信任感。

2. 介绍未来的收益

随后,小张通过 PPT 向加盟商展示了公司的项目投入与产出的详细数据,这些也是加盟商最关注的数据。表3-1是小张在展会上向加盟商展示的不同规格的门店投资分析数据,直观地展示了投资与回报的情况。

表3-1 不同规格的门店投资分析数据

门店投资分析——45平方米			
投入成本	金额(万元)	产出	
年租金	5	预计净收益	9万元
装修费用	3	投资回收期	15个月
固定资产	2	投资收益率	34%
流动资金	12	年度盈亏平衡点销售额	32万元
合计	22		
门店投资分析——75平方米			
投入成本	金额(万元)	产出	
年租金	8	预计净收益	11万元
装修费用	4.6	投资回收期	17个月
固定资产	2	投资收益率	36%
流动资金	16	年度盈亏平衡点销售额	45万元
合计	30.6		
门店投资分析——120平方米			
投入成本	金额(万元)	产出	
年租金	10	预计净收益	13万元
装修费用	7	投资回收期	22个月
固定资产	2	投资收益率	31.7%
流动资金	22	年度盈亏平衡点销售额	60万元
合计	41		

详细的投资收益数据可以展示项目优势，提升加盟商对项目的信任度，从而提升成交概率，促成项目合作。

3. 介绍目前的市场需求与公司的发展空间

演讲者在演讲时除了要展示数据，还要告知观众数据从何而来，也就是要表明该项目在市场上具有广阔的前景。

小张为加盟商介绍了公司的主打产品——除螨仪，并从价格、功能、外观3个方面说明了该产品的优势。

（1）技术升级，价格降低，提高了性价比。公司在技术研发方面投入了大量资金，最终研发出震动拍机构制造技术，并向国家申请了专利保护。该技术能通过同步电机的转动带动偏心轮实现震动，有效吸除沙发、座椅表面的螨虫与虫卵，实现螨虫清洁。在技术升级后，产品的价格也有所降低，同昂贵的国外品牌相比具有价格优势。

（2）开启"无线时代"，更加方便快捷。根据市场调查，无线手持吸尘器的销售额大幅上涨，证明客户对无线产品的需求十分旺盛。公司根据市场需求研发了新型无线除螨仪，采用高性能电池，可以持续使用一小时，随时可以清洁沙发、车内座椅等，十分方便快捷。

（3）外观"小而美"，获得更多年轻人的喜爱。公司将除螨仪的目标客户定为"90后"，"90后"不仅希望产品功能实用，还对外观有很高的要求。因此，公司研发人员不仅在产品功能上做到了"无线"，还为除螨仪设置了专用收纳盒，可以在放入时充电，既节省空间，又显得美观大方，受到了众多消费者的喜爱。市场需求大可以证明公司产品的预计销量不会差，进一步增强产品项目对加盟商的吸引力。

4. 信任项目

项目是否有风险是影响成交与否的关键因素。演讲者虽然不能够对观众做出过度承诺，但是可以通过提升观众对项目的信任度使观众果断地做出决策。例如，演讲者可以将项目风险告知观众，并给出规避风险的措施，从而获得观众的信任，让观众认为演讲者的准备工作做得十分充分，项目出现风险的概率较低。完善的利益保障体系可以提升观众对项目的信任度。

观众可以从演讲者对商业模式的叙述中看出演讲者的专业性。如果演讲者的叙述明确、清晰且与观众的需求契合，就会大大增强观众与演讲者成交的信心。

3.6 销售主张：给观众一个成交的理由

当今社会，物质极大丰富，市场上不缺好产品。如何让观众与演讲者成交而不是与他人成交，靠的不只是产品，更是观众对演讲者的人设的肯定。因此，演讲者要通过塑造值得信赖的人设给观众一个成交的理由。

1. 真心为观众让利

在成交行为中，促使观众成交的关键因素不仅是产品本身的价值，还是观众对产品价值的判定，即观众在感觉物超所值时更容易做出成交决定。

北京某软件公司的创始人在公司的销售演讲会上给观众算了一笔账，他说："不知道各位的公司是经常需要对账，还是偶尔需要对账。我们曾经为一家贸易公司服务，这家公司是大型卖场和厂商的中间商，每天都需要和卖场及厂商对账，一天有3个小时花费在对账上。对他们来说，对账是一件非常烦琐的事。

"我们这款软件的授权使用时间是10年，大约3600天。他们平均每天只需要1元钱，就能省下3个小时的时间。这3个小时可以创造多少利润？大家觉得值不值？"这笔账一算清，当时就有许多观众做出了成交决定。上述案例中的创始人抓住了观众心理，将1元钱与3个小时画上等号，营造了一种物超所值的感觉，让观众觉得十分划算，所以他们会马上成交。

销售行业有这样一句话：客户要的不是便宜，而是感到占了便宜。如果演讲者始终以一个从观众手里拿钱的角色出现，观众自然会对其充满戒心。相反，如果演讲者以一个为他们让利、让他们"占便宜"的角色出现，观众则更容易放下戒心。

2. 信我，有保障

消除观众的疑虑是非常重要的环节。当观众对演讲者的产品或服务产生疑虑时，证明他还没有完全信任演讲者，这时演讲者需要给观众加一重保障，提升自身的可信度。

小王公司的产品是燃气炉，在公司的一次销售演讲会上，许多观众虽然表现出了购买意向，但是都在最后时刻犹豫了。询问后才知道，原来观众担心燃气炉消耗的燃气多。

于是小王立马解释道:"大家使用燃气炉都希望省气,我们这款燃气炉充分考虑到了这种需求。您看,这款燃气炉的开关能随意调节燃气流量;它的喷嘴构造特殊,可以让火苗大小平均。所以,这款煤气炉绝对能比一般的燃气炉省不少燃气。而且现在购买,我们还会免费上门安装,一年之内出现任何质量问题都包退换。"于是,刚才还犹豫的观众纷纷下单购买了这款燃气炉。

大多数观众在成交之前犹豫,是因为风险问题未解决或对演讲者不够信任。如果你第一次跟你的观众见面,无法在短时间内建立牢固的关系,那么你可以从观众入手,为他们消除疑虑或给出一个保障方案(包退换等),让自己在观众心目中变得更加值得信任。

在商业演讲的过程中,提出销售主张是促成成交的关键一步。但是任何成交都需要建立在信任的基础之上,所以我们需要丰满人物形象,提升自身的可信度,给观众一个成交的理由。

第 4 章
细节设计：
你不知道的魔鬼细节
正在拉低你的成交率

所谓"细节决定成败"，演讲过程中一个不经意的表情、动作、声音、情绪等都可能成为观众和你成交的理由，同样地，这些细节也可能成为观众拒绝和你成交的原因。因此，从微小之处出发，修炼好细节可能会让你的演讲大获成功。

4.1 表情管理：真实灵动，合作至上

如果你在现场看过演讲就会发现，当演讲者上场时，观众首先关注的是他的整体形象，包括他的气质、步态、打扮等。随着他在台上的时间变长，观众就会不自觉地将目光聚焦到他的脸部。因此，在演讲过程中，演讲者的表情管理很重要，表情是感情的"晴雨表"，观众可以从中体会演讲者的情感世界。

很多人在演讲时会借助一些技巧，比如露出八颗牙齿、夸张的表演动作等，来吸引观众的注意，但是效果却不尽如人意。我有一个学员，为了在公司的招商年会演讲上制造轰动的效果，特意穿着非常隆重的服装上台，使用了一些非常夸张的面部表情、肢体动作和语言。现场的气氛虽然火爆，但是台下的观众都觉得他的表演很浮夸，缺乏真实感，所以事后没有几个人与他成交。

商业演讲需要创造一种真实感，它有一个非常重要的出发点，就是帮助客户解决问题、提供价值，从而促成合作。当我们把合作定为演讲的基调时，在演讲过程中，我们的整个状态都要凸显一个"合"字，特别是在表情上要体现合作的态度。

1. 语言相"合"

我们可以尝试一下，当我们的嘴巴说"合"这个字时，眉毛、

苹果肌、嘴唇甚至整个面部表情都会呈现一种自然向上的状态。这是一种非常靓丽、自然、积极的状态，这种状态下，观众会觉得我们非常易于亲近，从而会更加信任我们。

我们在演讲时可以在心中默念一个"合"字，并将自然融合的感觉外化到表情管理中，摒弃浮夸的演技，让个人表情呈现得更加生动、自然，从而提升个人气质，使自身更具有真实感和亲近感。

2. 合作思维

商业演讲是为了促成合作而存在的，所以我们在演讲过程中要时刻不忘合作思维。表情是心态的呈现，没有人会相信一个跳脱、浮夸、喜欢假笑的合作伙伴。所以，我们的表现要符合观众对值得信赖的合作伙伴的设想，我们的表情要真实、真诚、从容不迫，从而让观众感觉到我们是真心为他们解决问题的。

<u>只有真诚的交流才能让我们表现出自然、从容的状态。</u>在商业演讲中，没有表演就是最好的表演，只有融合、自洽的心态和思维才能让我们展现出最舒服的表情，从而顺利地与观众建立紧密的联系。

4.2　声音管理：善用停顿，引人入胜

在说话的时候，有的人能掷地有声、引人入胜，有的人却雁过无痕、平淡无奇，这是为什么呢？说话引人入胜的原因主要有以下3个方面，如图4-1所示。

- 语速适中
- 贵人语迟
- 善用停顿

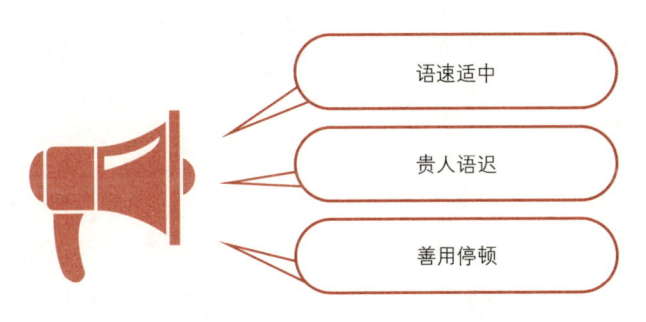

图 4-1　说话引人入胜的原因

1. 语速适中

正常的语速一般为每分钟 120 字左右，这样的表达节奏适中，观众听起来会比较舒服。此外，演讲者还要保证自己说话清晰、内容清楚，观众容易接受、理解。

北京某大学著名教授有一次在温州开设讲座，现场大约 280 个座位，实际上足足来了 400 多名学生。在开场前十分钟，还有许多学生在门口等待，即使不能进去也不愿意离开。这也许听起来有些夸张，但是语速控制得特别好的演讲者经常会遇到这样的情况。即使一再扩大场地，地方还是不够用，这就是演讲大师的魅力，也是语言的魅力。

那些语速不稳定的演讲者经常会感觉场地很空旷，观众在台下忙自己的事情，比如摆弄手机或者与其他观众聊天等。在这种情况下，哪怕演讲者准备的内容非常丰富，过快、过慢或没有任何变化的语速仍然会像催眠曲一样使观众感觉乏味，难以产生强烈的兴趣。

演讲者在训练自己的语速时，可以将与别人通话的过程录下来，从而评估自己说话的速度是否合适。如果演讲者发现自己的语速过快或者过慢，就要适时调整，及时更正。

2. 贵人语迟

当我们在演讲到很重要的节点时，一定要注意放慢语速，千万不要张口就来。演讲者要给自己 5～10 秒的时间定气、定心、定神，等所有观众的目光集中过来的时候再开口表达。这样既可以调整自己的心态，以防自己讲到重要的内容时出现紧张、慌乱的情况，还可以聚集观众的注意力，使观众意识到现在讲的内容很重要，从而认真聆听。

3. 善用停顿

某位指挥家曾与我说过，在乐谱中，休止符也是一个音符。一段美妙的音乐一定是有停顿和留白的。同样地，停顿和留白在演讲中也是非常重要的。

（1）强调重点。在重点内容和非重点内容之间引入恰当的停顿，相当于给观众一个信号"下面我要讲重点内容了"，可以帮助观众回收思绪，使观众集中注意力，更好地接收重点内容。

（2）创造思考空间。在重点内容之后或提问之后引入恰当的停顿，相当于给观众一点思考、消化的时间，使他们可以更好地理解演讲内容或准备提问的内容。

（3）内容段落感。不同重点内容之间引入恰当的停顿可以起到内容的区隔作用，相当于写作文时的分段表达，可以使观众明确演讲内容的层次。

某位演讲者在一次演讲中说道："很多人都很努力，也在承受着不小的压力，自己偷偷掉眼泪不是丢人的事。"这时他的情绪变得低落，说话已经有些哽咽，便停顿了一会儿。正是这个自然的停顿使整场演讲变得更真实、感人。

演讲者不要害怕停顿，也不要强迫自己一直说话，那些情绪使然下的停顿会使演讲显得更加真挚。不过，演讲者也要学会合理控制节奏，不要让停顿时间过长，一般停顿 3~5 秒即可，过长的停顿会被观众认为是演讲者的失误或冷场。

4.3 动作管理：善用肢体语言，强调观点

著名人类学家雷·伯德威斯特尔指出，在沟通过程中，口头语言传递出来的信息实际上不到全部表达意思的 35%，而其余 65% 的信息是通过非语言信号传递的。非语言信号常常被人们称为"肢体语言""身体语言"等。肢体语言是口头交流之外的一种沟通方式，需要借助面部表情、肢体动作或体态等来表达。

口头语言与肢体语言的配合能使整个演讲过程变得充实和活跃。试想一下，当演讲者没有任何动作地站在台上演讲时，那种情景一定会让人昏昏欲睡。肢体语言交流可以帮助演讲者传递更多信息。

曾经有位从事纸类产品生产的学员跟我抱怨说，她在招商会前明明准备得很好——现场布置得很华丽，发言稿准备得也很充分，可是成交额总是很低，每场招商会都需要支出几万元的成本，但是成交额却连招商会的成本都收不回来。她很苦恼，于是邀请我做现场指导。

我发现她在演讲时，身体总是一直晃动，手有超过一半时间

是下垂或放在背后的。整个人感觉没有定力，没有力量，也没有气场。在最后的成交环节，她只是在高举双手和呼喊口号，感觉十分生硬，很空洞，并没有起到调动现场气氛的作用。

后来我帮她做了一些调整，很快她就能够调动现场气氛，成交额也成倍增长。这位学员过去使用的一直是低能量的手势，这种手势不仅无法获得客户信任，还会降低自身信任感。**人们信任一个人，往往不仅会被他的语言所折服，还会被他的肢体动作所折服。**

有一个很简单的方法，就是把手定位好，放在身体不同的能量区内，从而提升自己的气场。

（1）无能量区：手部姿势在腰部以下活动，拉低自己的气场（避免使用）。

（2）能量区：手部姿势在脖子与腰部之间活动。

（3）高能区：手部姿势在脖子以上活动，需要在激励和活跃现场气氛时使用。

在商业演讲中，我们最好把手放在能量区，这可以让我们看起来更加坚定和自信。

除了手势，站姿也非常重要。很多人特别是女性喜欢在舞台上使用"丁字脚"，认为这样可以使自己显得很端庄，很尊重观众。其实不然，因为"丁字脚"更适用于服务场合，而过于服务性的姿态反而会降低我们的成交能量，使气场变得不足。

因此，在商业演讲过程中，无论男女，都只需要双脚自然打开站立就好，不需要降低自己的姿态。除此之外，演讲者在舞台上移动的频率也不宜过快，可以站在舞台三分之二的位置进行内容的讲解，要么偏右三分之二，要么偏左三分之二，大概在一个地方站

3～5分钟再位移比较好，不要一直走来走去，这样会使观众无法集中精神甚至产生烦躁感。

4.4 服装管理：穿戴得体，匹配情境

也许你不知道，你给别人留下的印象其实在一瞬间就形成了。一位成功的演讲者，除了演讲内容要好，外在形象也要好。穿着是一个人的能力和品位的呈现，穿着得体好看，说话会更有说服力。不适宜的服装会拉低一个人的品位，降低他人对他的信任感。

4.4.1 演讲穿搭原则

演讲者的穿着与演讲主题、场合有非常大的关系。下面为大家提供3个演讲穿搭原则作为参考，如图4-2所示。

三色原则　　　　　　　融入观众，但是比观众高级

① 　　② 　　③

与演讲主题相结合

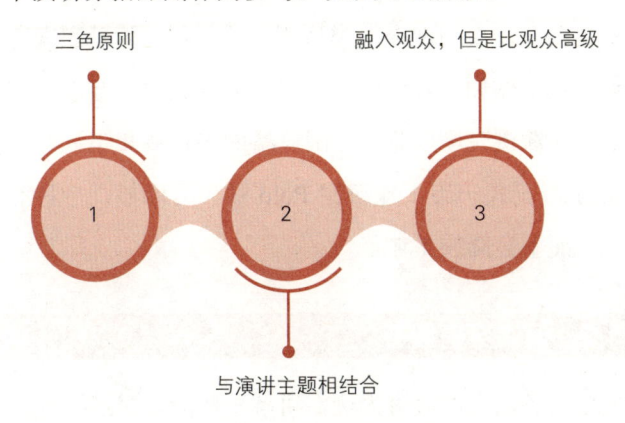

图4-2　演讲穿搭原则

1. 三色原则

三色原则指的是演讲者身着服饰的色系不应超过 3 种，比较接近的色彩视为同一种色系，比如白色、米白色、杏白色等都属于白色系。演讲者服饰饱和度高的颜色太多，会给观众带来一种过于花哨的感觉，不仅会使演讲者显得不稳重，还会抢夺观众的注意力。

2. 与演讲主题相结合

演讲者需要根据场合选择服装，比如在商务和正式会议场合最好穿着国际商务正装（男性穿着西装领带，女性穿着女士商务套装）。如果主办方有其他主题要求，比如晚宴、国学演讲等，演讲者需要灵活调整着装。

3. 融入观众，但是比观众高级

演讲者的穿着要与观众的类型相同或相似，但是在观感上要比观众高一级别。例如，互联网公司以年轻人为主，穿着比较休闲，所以演讲者在演讲时可以穿着休闲风格的牛仔裤和 T 恤衫，但是要比观众的穿着正式一点，建议穿 Polo 衫（网球衫，一种有领的 T 恤衫）等，而不穿圆领 T 恤。

4.4.2 演讲穿搭细节

下面以商务场合的演讲为例，讲解一些演讲穿搭细节。

1. 有领

正装必须是有领的，比如衬衫、西装等。男士正装一般为有领衬衫搭配深色长裤，女士正装最常见的是西服套裙，而且搭配的衬衫、内衣、鞋子、袜子等颜色不宜太艳丽。

2. 有纽扣

正装应当是带有纽扣的服装，有拉链的服装通常不能作为正装。

3. 系皮带

男士的长裤必须是系了皮带的西裤，牛仔裤和运动裤不能作为正装。除了要系皮带，西裤的腰围尺寸也要合身，这样才能看起来规矩、得体。

4. 穿皮鞋

正装需要搭配一双合适的皮鞋，最经典的皮鞋是系带式的，但是随着潮流的变化，方便实用的无带皮鞋也逐渐成为主流。另外，在商务场合，女士最好不要穿凉鞋或者露脚趾的鞋子，也不要穿鞋跟太高的鞋子，鞋跟高度一般以3～4厘米为宜。

5. 化妆

在演讲的舞台上，演讲者是绝对的主角，所以演讲者需要让观众看到漂亮、闪耀的自己。因此，合适的妆容非常重要，精致、得体的妆容，精心准备的配饰，甚至不经意间的香水味不仅可以提升演讲者形象的完整度，还可以体现演讲者对观众的尊重与重视。

在演讲中，演讲者的服装不一定要鲜艳耀人，但是一定要得体、大方、整洁。一个人的举止姿态、仪表着装在一定程度上体现了他的气质、品德、思想、性格，直接影响观众的审美。舞台没有大小，没有轻重，登台就是大事，选择正确的着装可以为演讲者的演讲加分。

4.5 情绪管理：提升气场，感染观众

虽然有些专家认为人是应该理性的，但是人在做出决策时会受到非理性因素的影响，比如感受、感觉、感情等。这就是有些人会出现言行不一致问题的原因。因此，演讲者需要理性认识观众，利用感性创造链接，在现场感染观众情绪，使他们在感性时做出决策。

美国著名经济学家理查德·泰勒认为大脑是两个自我的联合体：一个代表冲动者，另一个代表计划者。计划者的任务是管理冲动者，但是经常失败。人们对感受的关注往往超出了自己的想象。

因此，演讲者想要商业演讲获得成功，就要学会在演讲过程中为观众带来美好的感受，引导观众在感性时思考问题。环境可以很好地调动情绪，影响观众的心理。演讲者可以利用环境使观众发自内心地产生一些感受，比如紧张兴奋、心跳加快等。只要演讲者能够把握观众的某种情绪，就能够影响观众的思维与决策。

人的大脑存在一种名为"镜像神经元"的神经细胞，它的功能是反映他人的行为。镜像神经元能够感受外界的刺激，并将这种刺激模仿、释放到感觉细胞中，使人们能够体会别人的感受。

社会心理学家埃米·卡迪在《高能量姿势：肢体语言打造个人影响力》一书中提出：叉腰、大幅度甩动手臂等幅度较大的动作可以使观众感到放松与高兴。这些姿势会刺激观众身体内的睾丸素，减少皮质醇，让观众释放压力、恢复能量。例如，电影中的掌声、笑声等元素会促使看电影的观众随之产生喜怒哀乐的情绪反应。

总之，演讲者要做好情绪管理，将焦点放在观众的感受上，用自己的情绪感染观众的情绪，为观众提供沉浸式的情绪体验。

4.6 位置布局：座席安排，影响成交

不知道你有没有过这样的经历：去吃饭的时候，明明面前的餐厅人山人海、大排长龙，你情愿取号排队等待，也不愿意去隔壁不用排队的餐厅。这是为什么呢？

这是因为人多的餐厅更值得信赖，对你更有吸引力，并且你不用担心承担菜品不好的风险。同理，演讲也一样。<u>人多、热闹的会场会吸引更多人的关注；相反，人少、冷清的会场，人会越来越少。</u>

一位做教育培训的学员曾经向我咨询，他说自己常常做招生会演讲，效果却不如旁边那家场地小且客户来得不多的同行好。他百思不得其解，所以邀请我去现场指导。

我到活动现场后发现，这位学员的培训中心场地确实很大，现场摆了100张椅子，可是人坐不满，只来了60人，将近一半的椅子空着，看起来很冷清，当天的招生结果是只成交转化了3位。

旁边的培训中心，场地比较小，只摆了50张椅子，但全坐满了，甚至还有站着的观众，气氛活跃热烈，使人很有参与感，当天成交转化了10多位。我一下子就明白了问题所在，并在座席安排方面做了一些小小的调整。

（1）按报名预估确认到场人数安排座位数量，并且减少20%的座位（如果确认有100人来，就只安排80张椅子）。

（2）在快开场前，将空椅子撤走，剩余的空地使用屏风、易拉

宝等布置，不让现场看起来有空旷感，确保开场时座位没有空着的。

（3）安排一位给观众加椅子的助手，做到观众随时来，座位随时加。人旺场旺，人多、热闹的会场聚合能量高、互动热烈，演讲者可以在这种气氛中爆发更强的气场。

通过这种座席安排的调整，培训中心成功使观众产生了抢购的感觉，最后的成交转化数量提高了3～10倍。

演讲者不要小看位置布局的意义。位置布局虽然只是演讲现场中的一个小细节，但是体现着演讲现场的专业性，影响着观众的现场体验。

4.7 环境布局：善用道具，营造氛围

演讲现场就像一个剧场，所有的道具及环境布局都是演讲的一部分。所以，我们在演讲现场的环境布局上要注意整体的协调性。

1. 道具

商业演讲现场会有各式各样的道具，包括宣传横幅、易拉宝、签到板、台卡、嘉宾座席、水杯等。这些道具是演讲者拉近与观众距离的法宝。例如，演讲者可以在重要观众的水杯上写上姓名等。除此之外，道具还要集中体现演讲的主题或公司的名称，使活动品牌化、深入人心。例如，演讲者可以在所有的道具上印上公司标志或演讲的主题，这样观众在开场前拍照发朋友圈时，就可以实现二次宣传。

每一场商业演讲都是一次品牌的营销活动。道具有三个目的：

第一是拉近与观众的距离,激活现场气氛;第二是使观众主动拍照发朋友圈,实现二次宣传;第三是活跃现场气氛,迅速实现破冰。而恰到好处地使用一些道具可以提升整个品牌的调性,并使观众产生被重视的感觉,进而加速营销目的的实现。

2. 气味

一些比较高档、有格调的酒店和店铺等还会进行气味管理,比如放置一些气味相宜的香薰或喷洒一些香水等,以提升店铺整体的调性,给顾客以尊贵感。

演讲现场同样也可以进行气味管理,淡淡的、恰到好处的香味可以掩盖一些不好的味道,使会场氛围更和谐。例如,现场有餐食的味道会影响会场的格调,影响成交率,所以大多数商业演讲的会场只提供糕点和水果,而不提供味道浓重的正餐。需要注意的是,香味要淡雅、提神,令人舒适,不要使用有刺激性、比较刺鼻的香水。

3. 温度

除了气味管理,演讲现场的温度控制也非常重要。演讲一般会持续1~2个小时,体感温度太低或太高都会使观众难以集中精神听讲。会场温度最好保持在25℃左右,不能过热或过冷,以免观众因为感到不舒服而选择提前离开。

现场的每个环境细节都可能影响演讲现场的整体氛围,演讲者要善用道具,注意调节环境细节,营造良好的演讲氛围。

4.8 音乐布局：烘托气氛，调动情绪

如果你在生活中仔细观察就可以发现，不同的餐厅会播放不同的音乐，而这些音乐会使人们产生不同的感觉。例如，快餐店会播放快节奏的音乐，使客人加快进食的速度；特色餐厅会播放当地的歌曲，彰显菜品特色；高档餐厅会播放舒缓的古典音乐，提升整体格调；等等。

音乐有着非常重要的暗示作用，因此，在演讲过程中我们也不能忽视音乐布局。

1. 开场音乐

开场音乐一般在正式演讲前播放，演讲者可以选择一些能量比较强的、振奋人心的音乐来热场。需要特别注意的是，音乐的选择要与演讲的主题匹配，比如与传统文化相关的演讲可以选择国风歌曲，与创业相关的演讲可以选择歌颂奋斗的歌曲等。千万不要使用悲伤、低能量的音乐，以免在开场前拉低观众的情绪，降低他们对演讲的期望值。

2. 中场音乐

很多演讲者在商业演讲时经常忘记在中场休息时播放音乐，导致整个会场的嘈杂声特别明显，使人感觉乱哄哄的，特别不高级。如果这时候演讲者能够播放一些音乐，就可以掩盖会场的嘈杂声，使会场氛围更加融洽。

3. 成交音乐

成交是商业演讲最重要的时刻,演讲者需要充分调动观众的情绪,使他们在氛围的感染下选择成交。演讲者可以借助情绪高昂的音乐或影像将整场演讲推向高潮,放大观众感动、非买不可的情绪,从而更好地实现成交。

音乐可以刺激人们的情绪,为人们带来感动的力量。语言的表达终究有限,演讲者要学会用音乐来调动观众的情绪,提升演讲内容的内涵,用感性的力量打动观众。

第 5 章
彩排准备：演讲高手的修炼

凡事预则立，不预则废。真正的演讲高手会在每一场演讲前做好准备，带着十分的把握走上舞台。在演讲之前，演讲者要为演讲的框架、内容等绘制一幅蓝图，或准备于头脑之中，或付诸笔端。做好彩排准备，演讲才能顺利流畅，演讲者才能从容不迫。

5.1 设计整体框架,把控全局

演讲高手会站在全局角度思考问题,提前设计演讲的框架,把控演讲过程中每一个时间节点要达成的目标。大家可以借助 ABCA 法则来设计演讲框架。第一个 A 指的是 Attention,即注意力;B 指的是 Body,即主体;C 指的是 Conclusion,即总结;第二个 A 指的是 Appeal,即号召。

1. 注意力

当演讲刚开始时,观众的注意力往往是分散的,所以演讲者在演讲的第一个时间节点要做的就是吸引观众的注意力。那么什么样的开场白才能迅速聚集观众的注意力呢?

(1)以故事开场。故事的表达更加生动,以故事开场可以使观众有更加强烈的代入感,从而引起观众和演讲者之间的情感共鸣。

(2)以问题开场。利用问题来制造知识空白可以迅速激发观众的好奇心,便于演讲者展开之后的内容。

(3)以惊人叙述开场。在开场时给出一个与观众认知相反的观点同样也可以激发观众的好奇心,使观众集中注意力。

(4)以承诺开场。人们往往会更加关注与自身利益相关的事情,因此,演讲者可以在开场时就对观众进行利益承诺,且最好能将利益具体化,比如承诺在现场下单的客户可以获得半价优惠等,从而达到聚集观众注意力的目的。

(5)以痛点开场。在开场时指出一个观众的常见痛点,或描述一个损失重大的事件,可以顺势引出避免痛点和损失的方案,从而进入演讲的主体。

在开场的构思和修改上多花点时间,不仅可以迅速聚集观众的注意力,还可以迅速使观众感受到演讲内容的价值,减少中途离场情况的发生。

2. 主体

主体环节是演讲的核心部分,所占时间最长,所以演讲者更要精心设计这一部分内容。

主体环节中的最重要工作是对观点的阐述,演讲者需要通过各种方法使观众认可并记住自己的观点。例如,演讲者可以将观点浓缩成几个词,再以首字母将它们表示为一个个缩略词,方便观众记忆;还可以展示过往的客户评价,增加自己的说服力等。

3. 总结

人们在思考问题时会下意识地运用新学的知识,甚至会忘了更常用的、更便捷的解决方式,这是心理学中的近因效应。例如,我们在和某人谈话时,如果他总是以练习游泳举例子,就证明他最近很有可能在练习游泳。

同样,演讲刚结束的这段时间是观众记忆观点的最佳时间。演讲者需要对所有内容进行一个高度概括且全面的总结,重新为观众叙述一遍重要观点，从而加深观众的印象。

4. 号召

号召环节是很多演讲者会忽略的环节。对演讲者来说，商业演讲的目的是要获得成交结果，所以演讲绝不能以观点叙述完毕作为结尾。演讲者一定要在演讲的最后提醒观众去成交，号召观众马上展开行动，否则成交结果很可能会不尽如人意。

这个演讲的整体框架能够帮助演讲者梳理演讲思路，使演讲者的演讲稿逻辑性更强，从而使演讲者能够更好地把控演讲效果。

5.2 从容自信的心法

你有没有过这样的时刻，当接到一个演讲任务时，你开始后悔、郁闷、质疑自己……当你好不容易到了会场，上了舞台，你又开始双脚发抖、喉咙发干、手心出汗、心脏怦怦直跳。台下的观众仿佛一个个审判员一样盯着你，使你的大脑一片空白，只能想到哪讲到哪，讲到哪想到哪。

美国一位心理学家曾做过一个有趣的测试，测试人们恐惧的事物，测试结果发现死亡居然只排在第二位，排在第一位的是公众演讲，很多人表示宁愿死也不愿意在公开场合演讲。

管理好自己的情绪，克服恐惧，也是演讲高手的必修课。那么应该如何克服恐惧呢？在讲述方法之前，我们要先了解人为什么会恐惧、紧张。

当人在高度紧张时，潜意识通常会决定外在行动。人是群居动物，当人离开群体时，大脑内的杏仁体就会启动保护预警系统，它会直接给身体下达指令：要么逃跑，要么战斗。人们离开熟悉的环境，站上舞台时，身体的第一反应肯定是紧张，表现为想上厕所、不敢直视观众、呼吸急促等。这种状态就叫作"杏仁核劫持状态"。那么如何克服这种紧张的状态呢？我主要总结了以下从容自信的4个心法，如图5-1所示。

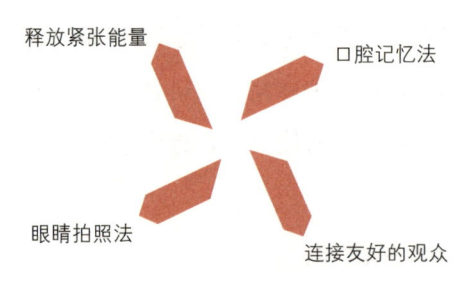

图 5-1 从容自信的 4 个心法

1. 释放紧张能量

身体释放紧张能量是需要时间的，至少需要30分钟。那么在这30分钟时间里，我们就傻傻地坐在会场中调节情绪吗？当然不是。我们要提前到现场，台上、台下绕全场一圈，并和观众握手、问好、交流，让自己的能量覆盖全场，从而在潜意识中成为这个会场的主人，淡化刚到一个新环境时的陌生感。

2. 眼睛拍照法

在上场之前我们要把自己的眼睛当作照相机，将会场的上下左右、东南西北的环境统统"拍下来"存入大脑。我们感到紧张，大多是身体在陌生环境下产生的想要逃离的本能，如果周围的环境已经提前被大脑记录过了，不再是陌生的，那么对于熟悉的环境，大脑自然就会放松下来。

3. 连接友好的观众

台下观众的反馈也会影响演讲者的情绪，如果观众的反馈非常积极，一直在点头、微笑，演讲者自然会越讲越自信；相反，如果观众时不时地看手机，表现出不耐烦的神情，甚至提出一些刁钻的问题，就可能打断演讲者的思路，使演讲者一直处于紧张的情绪之中。因此，我们要学会连接友好的观众，比如挑选几位焦点观众，跟他们握手、交流，实现双方破冰，让这些友好的观众赋予你更高的能量，从而消除紧张感。

4. 口腔记忆法

人在紧张的时候很容易大脑一片空白，这时候就会出现忘词、忘记流程等问题。忘词又会加重紧张情绪，使演讲状况更糟糕。这个问题该如何解决呢？答案只有一个，就是熟能生巧。

人都是有肌肉记忆的，钢琴家、运动员等会通过反复的练习锻炼肌肉记忆，以确保在演奏或比赛时身体可以自然做出动作，降低失误的可能性。同样，人的口腔也是有肌肉记忆的，如果我们在演讲前只是对着PPT默念几遍，则只能形成大脑记忆，在情绪紧张的时候很容易出现忘词的状况。**如果我们在演讲前大量练习并背稿，口腔便会形成记忆，从而帮助大脑减负，降低忘词的可能性。**但是如果我们仍然不慎忘词了怎么办？

首先，我们一定要保持冷静，因为观众不知道演讲流程，所以他们不会在第一时间意识到我们忘词了。我们千万不要马上道歉，眼神也不要飘忽不定，不能表现出紧张的模样，可以先在台上走两步，以争取时间，或者和观众互动一下，以回顾之前的内容，争取想起忘记的内容。

其次，如果我们实在想不起忘记的内容，可以直接跳过它，讲记得的内容。演讲者不需要过分追求完美，因为刻意追求完美虽然会带来动力，但是也会带来压力，这份压力会加重演讲者的紧张感，使演讲表现得不完美。演讲者要放平心态，要明确认识到让台下所有观众喜欢自己是几乎不可能做到的，所以演讲者在台上不要过分在意别人，而要时刻告诉自己：敢于站上舞台就已经成功了。

以上就是演讲高手应当掌握的从容自信的心法，这也是我根据多年的演讲经验和实际场景训练成果总结出来的化解演讲者在演讲现场紧张、尴尬的有效方法。按照这个心法多加练习，我们肯定会看到自己在演讲台上的变化。

5.3　永远早到 30 分钟

在演讲前，演讲者至少要早到 30 分钟，除了调节情绪，还要对现场设备进行调试，比如投影仪、灯光照明设备、音响设备等。此外，演讲者还要对场地环境进行检查，包括场地的大小、演讲台的位置、观众席与演讲台的距离、是否有其他噪声等。

设备在演讲时出现问题肯定会影响演讲者的心态，所以，演讲者要提前到达演讲现场，先将所有设备测试一遍。这样在开始演讲后设备"罢工"的概率就会大大降低，演讲者也不会对设备感到陌生，可以更加自信、从容地利用设备完成演讲。为了做一次精彩的演讲，演讲者要事先检查演讲所在的会场，以便与观众实现良好的沟通。在实际操作时，演讲者通常要在以下5个方面做好准备。

（1）提前报到。演讲者要提前到达并巡视演讲会场，做好规划：演讲者适合站在哪里、什么时候上台，灯光是否要打在演讲者身上，辅助工具应该如何放置，如何安排观众，是否有利于互动交流。例如，某人要在一个40人的技术交流会上做演讲，但是场地是一个可以容纳100人的会议室，此时他就应该撤掉50张椅子，以免与会人员坐得太分散，不利于在演讲过程中互动。

（2）熟悉话筒。演讲者要了解话筒怎样开关，练习使用它说话，并注意在走路时不要被话筒电线绊倒；若话筒是无线的，要关注其电量。

（3）了解音像设备。无论是幻灯机、投影仪，还是录像机，演讲者都应了解如何使用它们。

（4）准备可以写字的道具。有些演讲除了需要播放PPT，还需要写字。因此，演讲者要确认会场是否有可以写字的道具，比如是否有白板，如果有白板，还要确认在白板上写出来的字是否清晰。

（5）与组织者和主持人沟通。演讲者要明确谁来介绍自己，自己要站在哪里（最好站在讲台前）。演讲者要把提前写好的自我介绍交给主持人，与主持人确定自己名字的读音和其他介绍文字的正确性。

早到的意义很重要，演讲者要树立时间观念，这30分钟的工作是对正式演讲的重要铺垫。利用好这30分钟能够有效避免演讲现场的各种突发情况，从而使演讲更加顺利地进行。

5.4　练习，练习，再练习

为了形成口腔记忆，保持从容自信的心态，充足的练习必不可少。这里的练习主要包括以下 2 个方面。

（1）对演讲的内容进行充足的练习。对演讲新手来说，对内容的熟练程度越高，演讲底气就越充足。很多演讲者为了做一场 100 分钟的演讲，会演练 100 个小时以上。如何转折，如何引入，配什么样的音乐，用什么样的语气，都要经过无数次演练才能胸有成竹。

但是，这并不意味着演讲者需要将演讲稿完整地背诵下来。背诵演讲稿会显得十分做作、生硬，难以获得观众的认可。而且，演讲者也很难做到一字不差、流利地背诵演讲稿，在这种情况下，演讲极有可能出现卡顿，进而破坏演讲氛围。熟悉演讲内容主要在于对演讲主题、节奏的把握，同时给自己留下一定的自由发挥的空间。只有这样，演讲者才能在演讲时做到自然、放松。

（2）练习一些与观众互动的技巧，以防止自己在演讲过程中冷场。例如，演讲者可以事先准备几个幽默、诙谐的笑话，或者练习对现场观众进行互动提问，或者练习一些可以在现场互动的小游戏。这样既激发了观众的兴趣，又为自己赢得了调整的时间，同时调动了现场气氛，帮助自己更好地发挥自身实力。

演讲者可以对着镜子练习。演讲者在镜子面前反复练习能够更加了解自己的演讲状态，了解自己的演讲有哪些优点和缺点。同时，对着镜子练习也是演讲者缓解演讲紧张感的有效方法。

演讲者也可以在家人和朋友面前练习，让他们为你提出建议。演讲者可以就此认识到自己的演讲状态在别人眼中是什么样的。

当演讲者越来越熟悉演讲情境后，自然会慢慢放松下来，紧张感会一次比一次少，演讲效果也会一次比一次好。

通过多次演练，演讲者可以发现演讲内容存在的问题，比如哪个词用得不妥当、哪里的过渡不自然、哪个句子有些拗口等。如果不进行提前演练，那么这些问题是很难被发现的。通过提前演练，演讲者的演讲内容会被打磨得更好。

5.5 预设演讲障碍，形成解决方案

预演是彩排的一项重要工作，演讲者需要通过模拟演讲预设真实的现场情况，同时还要提前针对可能出现的意外情况，包括设备损坏、观众无人响应、观众提出刁钻问题及观众成交欲望低等，形成解决方案。对常见的现场意外状况有了应对方案，演讲者就可以增加演讲时的自信和底气，从而表现得更出色。

1. 设备损坏

投影仪没有显示、话筒没有声音等，都是很常见的意外情况。演讲者除了要多准备一套设备，还要考虑到设备彻底损坏的极端情况。

有位演讲者曾经遇到这样的情况：他在演讲过程中需要设置两台投影仪，一台用于演讲，另一台用于和观众沟通，但是在演讲时，两台投影仪都出现了故障。于是，他决定放弃使用投影仪，将自己要讲的内容归纳为一个清单，这个清单不是很长，也不是很正式。然后，他将清单打印出来发放给观众，并对观众说："我本来

想用 PPT 给大家做演讲的，但是投影仪出现了故障，请大家将就一下，看自己手里的清单就可以。虽然没有 PPT，但是我依然会认真地为大家演讲，请大家放心。"

设备发生故障在所难免，但是演讲的核心是演讲者本人，只要演讲者稳定发挥，观众就不会离开。因此，演讲者要对自己的演讲内容非常熟悉，做到不依靠外物也能流畅演讲，同时还要准备手卡等提示性道具，以便在意外情况下代替投影仪等设备。最重要的是，无论发生什么意外情况，演讲者都要保持冷静，有条不紊地处理问题，这样才能稳定观众情绪，控制现场。

2. 观众无人响应

观众无人响应是一个非常常见的问题，毕竟演讲者不能做到完全想观众之所想，所以有时候提出的问题没有观众可以回答也在所难免。有些新手演讲者很容易在这种情况下尴尬地站在舞台上一言不发，这是非常错误的做法。因此，演讲者在设计每一个互动环节时都要提前设想：如果这个环节观众不感兴趣，没有按预想的互动怎么办？

演讲者可以提前设计多种提问方式，包括渐进式提问或针对某位观众的提问等。除此之外，还可以邀请一些比较熟悉的观众带头回答，从而调动其他观众的积极性。

3. 观众提出刁钻问题

演讲者无法预设观众所有的问题，所以很可能会在互动过程中遇到无法回答的刁钻问题。处理这种问题有一个模板：演讲者先重复一遍问题的内容，争取思考时间，如果实在不会回答，可以大方地承认，并约定与观众私下讨论。演讲者可以这样说："这个问题很不错，非常有专业性，但是考虑到此次演讲的时间有限，我们在演讲结束后私下讨论，好吗？"

这个模板虽然能够规避一些刁钻问题，但是演讲者要尽量少使用这个模板，否则会降低自己的专业性，显得自己解答不了问题。

4. 观众成交欲望低

商业演讲重在成交结果，但是因为演讲的时间有限，演讲者有时很难在一两个小时之内获得陌生观众的信任，这时候如何提升观众的成交欲望呢？演讲者可以提前将观众分类，比如按性别、年龄、收入等分类，根据分类之后的观众属性和特点设计刺激成交的说辞，或者找出最重要的客户群，针对他们的痛点调整演讲内容。

演讲者可以在预演时设计一个极为糟糕的演讲现场，不仅有损坏的设备，还有不合作的观众和挑剔的买家，甚至还有临场出错的工作人员。通过一遍遍的演练，当演讲者觉得自己完全能把控这个糟糕的现场时，就证明他已经有足够的能力走上正式的演讲舞台了。

第6章
演讲 PPT：
赋能你的精彩演讲

在演讲中，PPT 主要起提示和强调的作用，一些无法用语言描述的图片和视频都可以放在 PPT 上进行展示，从而提升演讲的丰富性和生动性。PPT 虽然不是演讲的必需品，但是如果运用得好，可以让你的演讲变得更加精彩。

6.1 别让文字模糊重点

有些演讲者错把 PPT 当作提词器,总是把演讲稿上的内容照搬到 PPT 上,这是不恰当的做法。演讲者要清楚,PPT 是给观众看的,而不是给自己看的,因此 PPT 不应该呈现大篇幅的文字,否则可能影响演讲的整体效果。<u>只有在 PPT 中精简地表达重点,才能高效地向观众传输观点。</u>下面是展示 PPT 重点的 5 种技巧,如图 6-1 所示。

图 6-1 展示 PPT 重点的 5 种技巧

1. 调整字体

演讲者应选择符合演讲风格的醒目字体,同时通过调整文字的大小与粗细、提取小标题、给字体添加颜色等方式突出内容重点。

2. 加色块

添加色块可以增强 PPT 画面的视觉冲击力,将观众视线聚焦在一点,以突出主题。同时,文字的版式也要整齐划一。

3. 加图标

为文字内容添加图标会使 PPT 的整体视觉效果更加突出。在使用图标时，演讲者需要注意图标的大小、风格、颜色等应当保持统一，并与文字内容相关联。

4. 制作逻辑图表

演讲者可以直接在 PPT 软件中找到合适的逻辑图表模板。制作逻辑图表可以清晰地展示文字之间的逻辑关系。

5. 做好图文排版

图文排版是拯救文字内容的"良药"。在寻找图片时，演讲者要注意图片的清晰度、图片与文字内容的关联性、图片与文字的位置设计等。做好图文排版能够增强 PPT 的协调性。

演讲者可以使用上述 5 种技巧，设计出更有吸引力的 PPT，使 PPT 文字内容不再枯燥和单调，从而提升观众的观看兴趣。

6.2 突出重要内容

每一页 PPT 都应该有一个重要内容，并使人一目了然。如何突出 PPT 中的重要内容？选择合适的背景很重要。有些演讲者会直接将内容放在空背景中或随意选择背景图，这是不正确的做法。背景是 PPT 内容的基调，不合适的背景容易使观众感觉到演讲者准备得不够充分，无法突出内容重点。对于背景的选择，演讲者必须注意内容与背景的对比度。

通常对比度越高，内容就越清楚，观众看起来也就越轻松、舒适。为了增强内容与背景的对比度，演讲者可以将文字设置成与背景相差很大的颜色。例如，演讲者可以用白色的背景搭配深蓝色或墨绿色的字，这样内容就会展示得很清楚了。

PPT背景应以浅色为主，要简洁、素雅、大方，比如白色、粉色、浅蓝色、黄色等。如果演讲者过多地将注意力放在PPT的美观性上，从而选择一个色彩鲜艳、图形丰富的背景，则很可能喧宾夺主，分散观众注意力。

综上所述，演讲者要想减少PPT的观看障碍，就要选择合适的背景，再选择与背景对比度高的文字颜色，这样更容易将PPT的重要内容清晰地展现出来。观众节省了欣赏PPT的美观性的精力后，就可以将更多精力放在演讲者的演讲内容上。这样，观众更容易获得此次演讲的关键信息。

6.3　归纳相关内容

想让观众消化更多的演讲内容，演讲者就要对PPT内容进行一定的总结和归纳，以减少观众思考的时间。归纳往往需要将相关性较强的内容进行重新组合和排列，演讲者可以采用以下3种排列方式。

1. 并列式排列

并列式排列是最简洁、直观的一种排列方式，演讲者只需要将关联的内容进行等距排列即可。当然，如果演讲者追求美感，那么也可以添加图标进行修饰。这里有一个细节需要注意，就是各项内容的间距要小于两侧留白的间距，否则会使观众产生很突兀的视觉感受。

2. 对称式排列

对称式排列是一种比较常见的排列方式，演讲者需要找到内容排版的中心点，将关联的内容围绕中心点进行对称排列。这种排列方式常常用于产品发布会的 PPT 设计上，演讲者为了清晰地展现产品的多个优势，往往使用这样的内容排列方式。

3. 发散式排列

当需要介绍的内容较多时，演讲者可以使用发散式排列方式。相较于其他排列方式，发散式排列能够容纳更多的内容。演讲者可以先绘制一个中心点，然后围绕这个中心点绘制一些图形，并用线条将这些图形连接成发散式的图形，再在各个图形中填充内容。

这些排列方式能够更好地归纳演讲者的演讲内容，使 PPT 充分发挥作用，助力演讲者实现更好、更专业的演讲效果。

6.4 一图胜千言

一图胜千言，演讲者在 PPT 中加入图片不仅能够更加生动形象地表达内容，还能够使 PPT 更有美感。图片的使用有以下 3 个原则。

1. 契合主题

演讲者选取的图片要契合演讲的主题，也就是说，图片与文字的意思要一致。例如，如果演讲主题是"男性魅力"，就可以搭配一张男性笑脸图片，从而使演讲内容更加生动、更有说服力。

如果演讲者搭配一张与主题不符的图片，就会使内容与图片产生割裂感，起不到佐证或者说明演讲内容的作用。

2. 高清质感

PPT中的图片质量要高，不能模糊不清或有水印。不清晰的图片会大大降低PPT的美感，使整个画面呈现出一种低格调且杂乱无章的感觉。

3. 巧妙搭配

图片与文字的搭配也非常重要，文字与图片既要融为一体，不能彼此割裂，又要有主有次，使观众一目了然。一般情况下，我们要将一张图片铺满整个屏幕。如果要在一页PPT中添加多张图片，该怎么办呢？演讲者需要做到以下4点。

1）整齐划一

将不同大小的图片整齐排列，可以让画面看起来比较规整、和谐。

2）杂乱无序

杂乱地放置图片有时也会有意想不到的效果，但是千万不要将色彩反差过大的图片放在一起。

3）大小各异

大小各异的图片交叉排列，可以给观众带来高低起伏的层次感。

4）照片墙

将所有图片排列起来形成一个照片墙，可以使主题更加鲜明，更富有视觉冲击力。

合理使用和排列图片可以帮助演讲者制作出更加美观的 PPT，从而使演讲的内容更加生动形象，富有感染力。

6.5 版面规整

演讲者应重视 PPT 的版面设计。在 PPT 页面中，各元素之间应当具备一定的视觉联系，这样才能够形成更好的页面风格，提高 PPT 的专业性。

首先，在版面设计中，文字的版式十分关键。例如，两页同样的 PPT，对齐与不对齐的文字在视觉上会有很不一样的感受。文字对齐的 PPT 便于观众浏览，显得更有权威性。比较常用的对齐方式有 4 种：左对齐、右对齐、居中对齐、两端对齐。同时，演讲者要注意字距和行距，文字挤在一起会使人产生模糊的视觉感受，消耗观众的耐心。因此，演讲者应根据 PPT 的文字量设定合适的字距、行距和段落间距，给观众留下清晰的印象。

其次，图形的版式也很关键。常见的图形版式有全屏型、交错型、立体型等。全屏型版式最简洁，演讲者只需要选择清晰的图片铺满 PPT 页面即可，注意不要留有缝隙或者超出 PPT 页面边缘。

交错型版式就是将多张图片交叉排列，可以容纳更多的图形。交错的方向有多种，常见的有上下交错、左右交错、对角交错等。当然，演讲者可以根据自己的喜好设置图形的交错方向，但是要注意保持整体方向协调一致。

立体型版式主要是利用 PPT 软件中的三维旋转功能赋予图形空间感。三维旋转功能可以让图形的版式更有创意，使观众产生更加真实、生动的图片浏览观感。

最后，一张 PPT 页面中常常同时有图形和文字，这就需要演讲者注意图文版式的协调性。常见的图文版式有五五分、三七分、瘦长型等。五五分版式主要以页面的中轴为分隔，常见形式有上图下文、左图右文等。在三七分版式中，演讲者要分清页面的主次对象，合理分配比例。

如果着重突出图形，高清、大尺寸的图片配上精练、简洁的文字更能提升 PPT 的质量。瘦长型版式对图片的尺寸比例要求较高，但是对图文的内容要求较低，多数是一图一文的格式。瘦长型版式具有鲜明的杂志风格，能够使观众产生放松的观感。

版面规整的 PPT 不仅可以更好地引导观众阅读，还可以获得观众的认可和共鸣。版面规整的 PPT 有利于演讲者完整地表达信息，突出演讲内容的主题和层次，提升演讲的专业性。

6.6　充分利用对比效果

要想让 PPT 内容更加鲜明，演讲者需要突出不同元素之间的反差感，从而避免 PPT 中的元素因为过于相似而无法突出内容关键点。另外，反差感还可以提升视觉效果，更好地展现 PPT 中各项内容的层次关系，突出不同内容的重要程度，帮助观众更好地理解演讲内容。

演讲者可以采用多种方式突出 PPT 页面的反差感，常见的有更改字体与字号、更改文字颜色、增加阴影效果、将带有颜色的形状作为底色等。

"细节决定成败"，演讲者在制作 PPT 时要注重细节，将图片、文字、版式处理得恰到好处，从而提高 PPT 的质量。

6.7　整体风格统一

PPT 通常需要实现整体风格统一。有些 PPT 的单页设计可能没有那么惊艳，但是从整体风格来看非常赏心悦目。而且，通过观察网上比较美观的 PPT，我们可以发现，这些 PPT 的视觉要素都比较统一，一眼望去风格一致。那么，在设计 PPT 时，演讲者应该如何保持整体风格统一呢？比较不错的方法有以下 3 种。

（1）设计一种主色调，不要使用过多颜色。

（2）通过重复使用某些视觉要素来加强风格的统一性。例如，每一页面使用相同的背景图或字体，使整体风格趋于统一。

（3）字体使用规范，不要使用过多字体。演讲者要确保一份 PPT 中使用的字体不超过 3 种，否则会使内容显得非常杂乱，观众看起来也比较吃力。

演讲者可以制定一套规范，将 PPT 中的视觉要素固定下来，使 PPT 的整体风格保持统一。这样不仅可以提高 PPT 的质量，突出关键信息，还可以形成自己的风格，便于观众记忆。

6.8　充满活力的 PPT

除了静态展示，为了提升 PPT 的视觉活力，演讲者还可以让 PPT "动"起来。为此，演讲者可以在 PPT 中加入动画，这有两个好处：一是加强演讲者与观众的互动，二是突出演讲者要重点表达的内容。那么，什么情况下适合在 PPT 中加入动画呢？

1. 需要逐条展示内容的时候

有时同一页面需要展示很多内容。但是为了逐条说明这些内容，演讲者就需要为其加入动画效果，营造时间差。例如，某位演讲者要介绍"如何 3 步写好演讲稿"，就可以加入动画，分别展示这 3 个步骤。

2. 需要构建视觉感的时候

演讲者在演讲时需要为观众构建视觉感，而语言的力量往往比较单薄，无法完成这项工作。在这种情况下，演讲者就需要在 PPT 中加入动画。例如，某位演讲者要表现一件事情的正反两面时，可以使用"翻转"动画，让观众感受到更强的冲击力。

3. 需要吸引观众注意力的时候

演讲者想让观众将注意力集中在 PPT 和演讲上，可以使用动画，而且通常动画越夸张，效果越好。有位演讲者觉得自己的演讲很枯燥，为了吸引观众的注意力，便在 PPT 中添加了很多自带音效的动画，果然达到了目的。

在 PPT 中加入合适的动画会使演讲效果更上一层楼，但是具体加入什么样的动画则需要演讲者根据实际内容进行选择。例如，在切换 PPT 的过程中，演讲者是使用"淡化"动画还是使用"擦除"动画，通常要看这两个页面之间的逻辑关系。"淡化"动画适用于简单的翻页，没有特殊的含义。"擦除"动画则可以用来表示两个页面之间存在着递进、反转等强逻辑关系。

在决定是否加入动画前，演讲者首先要明确 PPT 的受众和演讲的场合，其次要了解自身制作动画的水平。如果演讲者无法制作精美的动画，可以不使用动画，以免画蛇添足。

第7章
魅力表达：管理演讲表现，输出情绪价值

　　事实上，演讲内容没有绝对的优劣之分，之所以有的演讲会座无虚席，而有的演讲会门庭冷落，是因为演讲者在演讲表现方面存在差距。观众的感觉来自演讲者整体的表现，而不是某句话或某个动作。为了让自己的演讲更有感染力，我们要管理好自己在演讲中的表现，尽可能塑造一个充满魅力的完美形象。

加利福尼亚大学伯克利分校的梅拉宾教授提出了 3V 法则，他认为一个人对他人的印象约有 7% 取决于讲话的内容，约有 38% 取决于音质、音量等声音要素，约有 55% 取决于动作、表情等形象因素。

根据这个法则，马丁·纽曼和郑燕在《演讲的本质》一书中推导出了影响演讲效果的 3 个因素：第一，视觉（Visual），包括动作、表情等形象因素；第二，听觉（Vocal），包括音质、音量等声音要素；第三，语言（Verbal），包括讲话的文字和内容。

7.1 视觉：一举一动塑造完美形象

试想，一个人在演讲时是穿着得体、步伐沉稳地上台，容易得到观众信任；还是穿着背心、短裤、拖鞋，一蹦一跳地上台，容易得到观众信任。可想而知，一定是前者。这是因为后者的形象不符合观众对一位商业演讲者的期待，观众在他开口前就已经给他贴上了"不可信任"的标签，更不要说和他成交了。那么，演讲者应当如何打造良好的外在形象呢？

1. 不要让身体挡住 PPT

在演讲过程中，站位非常重要。如果演讲者没有合理安排自己的站位，那么很可能出现身体挡住 PPT 的情况，使观众无法正常浏览 PPT 上的内容，从而对整场演讲产生不良影响。

对演讲者来说，选择站位的基本原则是站在观众可以同时看到演讲者和 PPT、演讲者也可以看到所有观众的位置。这个位置不是固定的，演讲者应该在演讲正式开始前到达会场，观察电脑、演讲台、投影仪和屏幕的位置，据此找到一个适合自己站立的位置。

但是，演讲者在实际操作时要灵活应用该原则，不可以照搬照抄。例如，有些会场是有舞台的，但是舞台距离观众席较远，在这种情况下，演讲者就应该站得距离观众席近一些，以便观众能清楚地听到演讲的内容。

2. 把握手势的动和静

莎士比亚说："沉默中有意义，手势中有语言。"手语是人通过双手的各种动作来表达情感的一种语言。例如，彼此之间相互握手表示友好，单手握拳伸出大拇指表示肯定等。演讲者可以通过手部的特定动作向观众表达特定意义，比如用手指向 PPT 可以集中观众的注意力、抬起双手可以调动现场气氛等。

演讲者在向观众介绍 PPT 时经常需要使用指引手势。演讲者在使用指引手势时，需要站在被指引物体旁边，五指并拢，掌心朝上，右手手臂自然伸出，手掌和水平面的角度保持在 45° 左右，指尖朝着被指引物品的方向指出，左手手臂以肘部为轴伸出，手臂的高度不要太高，在齐腰的位置即可。

需要注意的是，无论是指人还是指物，演讲者都不能使用食指，这是对观众的不尊重。此外，演讲者不可以使用一根手指去指 PPT 和观众，因为一根手指好像是在命令观众，会让观众感觉到敌意和不安。演讲者用整个手掌指向观众，观众会感觉更舒服。

3. 设计肢体语言

口头语言与肢体语言的配合能使整个演讲过程变得充实和活跃。演讲者没有任何动作地站在台上说话的情景一定会让人昏昏欲睡。肢体语言能够比口头语言传递更多的信息。按照不同的身体部位划分，肢体语言可以分为以下3种。

（1）表情语。人们常常通过面部表情传递信息，开心、愤怒、悲伤等情绪都可以通过面部表情反映出来。演讲者应当学会通过眼神或其他面部表情向观众传递情绪，包括对观众的关心、疑问等。

（2）手语。人们可以利用双手做出的各种动作向观众表达特定意义，比如请坐、安静、说得好等。

（3）身体动作语。人在行走、站立和坐卧过程中的所有动作都属于身体动作语，比如行走快慢、站立时双臂交叉于胸前或放在背后等。演讲者如果发现观众的双手紧紧抱在胸前，就说明观众此刻的防范心理很强。把握身体动作语的规律有利于演讲者有意识地通过身体动作引起观众的注意，也有利于演讲者更准确地把握观众的心理。

4. 去掉小动作

演讲者重复做的某种小动作会给观众带来困扰，分散观众的注意力。一些演讲者在演讲时由于过度紧张，会觉得手放在哪里都不舒服，他们会插兜、背手、揣手，也会因为没有安全感而拿个杯子、拿支笔，甚至会捏衣角、拉拉链、摸头发等。演讲者应该知道，任何多余的、没有意义的小动作都会暴露在观众面前，进而对演讲产生不好的影响。那么，演讲者应该如何去掉小动作呢？可以使用以下方法。

（1）找一面全身镜，对着镜子做一次完整的演讲，观察自己的演讲是否有不合适的地方，检查自己是否出现了小动作。经过不断练习，演讲者可以提前把小动作去掉。

（2）把手自然地放在腰间。演讲者如果感觉把手放在哪里都不自然，或者忘词了不知道应该说什么，那么可以尝试将十指扣在一起，把手自然地放在腰间，让自己看起来没有那么紧张。

（3）全程录像。演讲者可以使用录像机把自己的演讲过程录下来，然后使用挑剔的眼光重新看一遍，找出自己未察觉却非常不合时宜的小动作，加以规避。经过复盘和不断练习，演讲者可以大幅提高自己的演讲水平，以后在演讲时也会更加自信。

5. 控制眼神，照顾所有观众

一个人是否用心可以通过眼神判断出来。例如，礼仪小姐在顾客进门时都会说"欢迎光临"，但是有些礼仪小姐的眼神游离不定，这样很容易引起顾客的反感。眼神交流可以使演讲者与观众的沟通变得更顺畅，但是过度地注视观众又会适得其反。

在控制眼神方面，演讲者需要注意以下4点。

（1）演讲者在演讲时不要只看向一位观众，否则其他观众很可能会转移注意力，这也是对其他观众的不尊重。演讲者可以在说每一句话时将眼神抛向不同的观众。要做到对所有观众一视同仁，演讲的现场气氛才不会差。

（2）用热情的眼神感染观众。在演讲时，演讲者的眼睛炯炯有神，眼神中透露着自信、热情、坦诚，会比滔滔不绝更能打动观众。

（3）无论观众的目光传递的信息是肯定、赞许，还是疑惑、怀疑，演讲者都要勇敢地面对观众的目光。通常而言，演讲者停留视线的最佳位置是观众双眼与嘴部之间的三角区域，这样可以向观众传递礼貌、友好的信息。

（4）保持目光集中，避免游离不定。不仅是在演讲过程中，在任何时候，目光游离不定都会被认为是轻浮或不诚实的表现。观众会对目光游离不定的演讲者产生怀疑，这样一来，双方的心理距离就会被拉大，演讲者传递信息的难度也会变大。

6. 永远不要坐着讲 PPT

演讲者必须摆脱对演讲台的依赖，不要总想坐着演讲，这样不仅会约束自己的思想表达与情绪表现，还会使自己无法与观众进行很好的互动，观众也不容易集中注意力。如果演讲者坐在演讲台后面，只露出上半身，那么观众的视觉感受和听觉感受都会比较差。如果演讲者站在舞台上，将自己的整个身体展现在观众面前，那么他身体里面散发出来的强大能量会对观众产生更深刻的影响，使观众对演讲内容记忆犹新。

7. 适时走动，分散气场

根据演讲的需要，演讲者要进行合理、有意义的走动，照顾每一位观众的观感。这样不仅可以使演讲者的姿态更放松，还可以形成动态画面，从而吸引观众的注意力。大家观看知名演讲者的演讲就会发现，他们都很有激情，控场能力非常强，喜欢在舞台上走动，观众也会十分投入地听演讲，并自然而然地被演讲内容吸引。

演讲者在舞台上走动时需要注意以下 4 个要点。

（1）走动要适宜。如果是时间非常短的演讲，演讲者可以一站到底，不必走动。如果是时间比较长的演讲，演讲者可以隔一段时间走动几步，换一下位置，但是注意不要频繁走动。

（2）不要大步流星地走动。有些舞台很小，如果演讲者使用夸张的步伐，观众可能会觉得演讲者不自然、很奇怪。

（3）走动时眼睛看着观众。如果演讲者从舞台的左侧往右侧走，那就看着右侧的观众，反之亦然。演讲者在看着观众时，演讲不可以中断，要保持和观众的交流。

（4）走到观众中间。演讲者不仅可以在舞台上走动，还可以走下舞台，通过舞台中间或两侧的过道走到观众中间，与观众进行近距离互动。演讲者也可以站在观众身边做演讲，这样能对观众产生更强的吸引力和感染力。

在演讲的过程中，你的每一个动作都会成为你的形象的一部分，观众会从你的一举一动、一颦一笑中产生对你的感觉，从而形成初步印象。

7.2 听觉：抑扬顿挫，引人入胜

除了外在的表现，好听的声音也能为演讲加分不少。我们在听播音员朗读时更容易沉醉其中，因为与普通人相比，播音员对声音的把控能力更好，可以在适当的地方融入情感，从而更容易感染他人。

那么，商业演讲者应该如何锤炼自己的声音呢？我主要总结了以下 3 个要点，如图 7-1 所示。

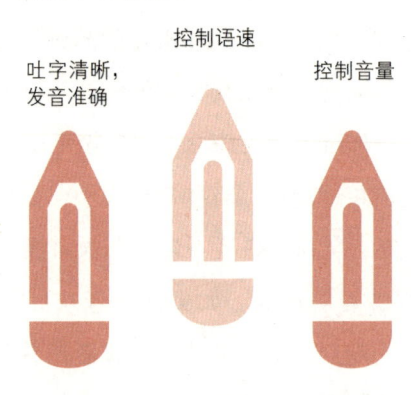

图 7-1　锤炼声音的 3 个要点

1. 吐字清晰，发音准确

发音不标准不仅会让观众觉得演讲者不专业，还会闹出笑话，使演讲者陷入尴尬的境地。例如，如果演讲者使用方言演讲，那么观众听了可能会不知所云，不明白演讲者讲的具体是什么。如果演讲者说的话都不能让观众听清、听懂，又如何感染观众呢？因此，演讲者要发音准确，保证自己吐字清晰，让在场的每位观众都能听清、听懂。

演讲者可以在空闲时间勤加学习，根据录音和视频纠正自己的发音。发音不准确的演讲者可以利用学习普通话的软件练习标准发音，也可以和普通话说得比较好的朋友或同事多交流，请他们给出意见，及时修正自己的发音问题。

当然，吐字训练也很重要。演讲者可以针对发音器官进行训练，比如嘴唇的圆展训练、口腔开合训练、舌尖训练、舌头的伸缩训练等，学会灵活地控制自己的发音器官，使发出的声音更准确、清晰。演讲者还需要进行正音训练，按照普通话标准矫正自己的方音、难点音，比如平翘舌的分辨训练（z-zh、c-ch、s-sh）、鼻音与边音的分辨训练（n-l）、前后鼻韵母发音训练等。

2. 控制语速

演讲者在面对不同的观众时，应该使用不同的语速，适当放慢或者加快都会有不同的效果。但是，无论语速是快还是慢，演讲者都要确保自己说话清晰、内容清楚，使观众容易接受、理解。

一般来说，面对年纪稍大的观众，演讲者的语速要稍微慢一些，因为这些观众的听觉可能不如年轻人好，大脑接受新信息的速度也比较慢，所以演讲者一定要耐心地、慢一些地解说。面对年轻的观众，演讲者的语速可以快一些，因为年轻观众的理解能力比较强，但是通常缺乏耐心，不喜欢拖沓。

除此之外，**不同的语速可以形成不同的节奏、营造不同的气氛、表达不同的情感**。语速快，观众的感觉是跳跃的，情绪是激烈的、高昂的；语速慢，观众的感觉是低沉的，情绪是平缓的，甚至是伤感的。

在演讲中，演讲者可以适当控制语速来传递情感，从而将观众带入预设的情境，使表达更有感染力。

3. 控制音量

演讲者的声音一定要坚定、洪亮，以便压倒观众席中的嘈杂声。如果说话的音量控制得不好，那么演讲的效果往往也不会好。说话声音小，不仅观众听不清楚，还会显得演讲者没有经验，缺乏自信。如果演讲内容难以产生说服力，观众自然不太愿意与演讲者成交。

当然，也不是说音量越高越好。如果演讲者的声音过大，甚至听起来像是在吵架，那么容易给观众留下过于强势的印象。因此，在演讲中，演讲者要尽量使用温和的语气说话，时刻保持微笑，展现出亲和力，使观众对自己更有好感。例如，小李是一位优秀的女性演讲者，她说话的声音很有特色，语气温和又不失大气，很多观众都愿意听她演讲，她的演讲都取得了非常不错的效果。

另外，情绪会对音量产生影响。人们通常会在情绪激动甚至失控的情况下大声喊叫，以表达自己内心的激动或不满，这对演讲者来说是大忌。控制好音量，也就控制好了情绪。一位优秀的商业演讲者不仅要控制好自身的情绪，还要用积极的情绪感染观众，这样才能实现成交的目的。

7.3 语言：避免机械读稿

语言的力量是强大的，积极心理治疗师维吉尼亚·萨提亚说："希望是改变的重要组成部分。与其与黑暗做斗争，不如为它增加一些光明。"演讲者在演讲过程中的语言会影响人的情绪，而情绪会影响人的行为。如果你长时间地向观众传递一种积极的、正面的、高能量的情绪，那么观众可能也会更愿意听你说话并信任你。

一些商业演讲者不愿意钻研演讲技巧，在需要公开演讲的场合直接读PPT，这样的做法是不正确的。首先，读PPT会打断演讲者本来的思路，对整场演讲的流畅性产生影响；其次，读PPT会让观众感觉演讲者并不理解所介绍的内容，从而使观众对演讲内容失去兴趣。

某位企业家曾经在行业峰会上读PPT，使一些观众和网友产生了反感，损害了其公众形象。这就提醒演讲者在演讲时，大到内容和表情，小到细节都必须仔细斟酌。演讲者要想使演讲更有吸引力，就应该少读PPT，多做一些即兴发言。

当然，这也不是说演讲不能读PPT，演讲者在介绍那些专业性比较强的内容时可以适当地参照PPT，这样会显得更加严谨和权威。演讲是一个加深认识、促进思考的过程，最终的结果是不确定的，会随着实际情况的变化而变化，演讲者如果只会读PPT，那么不但会使观众产生反感，而且很难使演讲产生好的效果。

不提倡读PPT并不表示演讲者可以随意发表自己的观点、信口开河，演讲者要从行业的角度出发，说一些实在话和明白话。此外，演讲者还要"肚子里有足够的墨水"，如果理论基础不扎实，实践经验不丰富，那么演讲内容很难让观众信服。

因此，演讲者要想不机械地读PPT，平时就得多学习、多积累经验。事实证明，爱读书、勤思考、好研究的演讲者在演讲时更容易信手拈来、有的放矢。在演讲中加入一些即兴发言不仅有利于演讲者优化演讲的效果，还可以展现自身的演讲实力，可以说一举多得。

在不读PPT的情况下将演讲做得绘声绘色并不是件容易的事，很多演讲者都不能真正地将其做好。要想解决这个问题，演讲者可以学习并掌握一些脱稿演讲的方法。

1. 打"感情牌"

所谓打"感情牌",就是通过一些比较煽情和有感染力的语言将气氛带动起来,使观众置身于一种热烈的氛围中。这里的重点是,切实表达自己的感受和感情,将观众的情绪充分调动起来,达到"以情夺人"的效果。例如,演讲者可以说:"刚刚走进会场,我就看到了很多熟悉的朋友,这让我感到非常兴奋。举办此次演讲是我们行业的一大幸事,大家可以一起出谋划策、畅谈未来,共同推动整个行业的进步。此刻我只想说,感恩有您。"听到这样的话,观众可以感受到演讲者的亲切和真诚,接下来也会非常认真地聆听。

2. 推陈出新,体现深度

推陈出新非常好理解,就是除了介绍 PPT 中的内容,演讲者还要多说一些有新意、有创意的话。当然,在保证新意、创意的基础上还要体现深度,这样可以更好地吸引观众。

3. 将提示写在 PPT 备注里,用"演讲者视图"提示自己

演讲者也可以用手卡代替 PPT 备注,把演讲的核心逻辑、关键数据、主要案例、金句等内容写在手卡上。当 PPT 备注或手卡上的内容越来越少时,演讲者距离脱稿演讲就越来越近了。

虽然不是每个人都能在舞台上侃侃而谈,但是如果加强积累和练习,不断锤炼文字表达能力,提升词汇量,那么终有一日我们也能通过语言的魅力吸引观众、俘获观众,获得热烈的掌声。

7.4 改掉口头禅

我的学员曾经跟我说,他只要一上台演讲就会不自觉地说一些"嗯""啊"之类的口头禅。这些口头禅使他的演讲非常不自然,他整个人在舞台上呈现出一种没有气场、没有自信的状态。

很多人在公开演讲或表达自己的观点时都有类似的小毛病,即不自觉地讲出许多无关的语气词,比如"今天嗯,给大家啊,说一说啊,演讲的嗯,几个技巧啊"。口头禅的一个可怕之处就在于,它是我们的下意识行为,自己往往控制不住,但是观众能明显地感觉到演讲者说话磕磕巴巴,不够流畅也不够自信。得到观众信任是商业演讲的重要目的,而磕磕绊绊的演讲必然无法获得观众的认可。那么,演讲者如何改掉口头禅,使演讲更加流畅自然呢?

1. 善用过渡词

当演讲者说"嗯""啊"之类的口头禅时,他们的大脑其实正在思考。这从侧面说明了他们对演讲内容不够熟悉,或者对接下来要讲的内容不够了解。对此,演讲者可以把"嗯""啊"等下意识脱口而出的语气词有意识地换成"那么""接着"等过渡词,同时放慢语气来争取思考的时间。另外,演讲者在演讲之前最好将一些与内容无关的开场白和衔接句背诵下来,从而减少这种停顿思考的现象的发生。

2. 使用逻辑方法

演讲者提前在脑海中划分好逻辑结构也可以减少这种停顿思考

的现象发生。演讲者可以提前在脑海中将要讲的内容分为几点,在演讲时按照"第一点、第二点、第三点……总的来说"的逻辑来表达,这样大脑就不用大海捞针般地提取信息,只需要思考每一点讲的是什么内容就可以了,大脑的思考速度变快了,语言表达自然也就流畅了。

精练的语言更容易使观众认可演讲者的专业性,演讲者应积累一些实用的过渡词,避免口头禅影响表达效果。

7.5 激情是演讲中的闪光点

演讲者能否使观众产生情感共鸣是演讲能否成功的重要因素。演讲者要从情感上进入角色,先要把自己感动,然后再感动观众。同时,演讲者要将人、事、景、物作为"动情点",提升观众的体验,使演讲能够打动观众,进入观众的内心世界。演讲者可以从以下 4 个方面提升演讲激情,如图 7-2 所示。

① 以人为"动情点"
② 以事为"动情点"
③ 以景为"动情点"
④ 以物为"动情点"

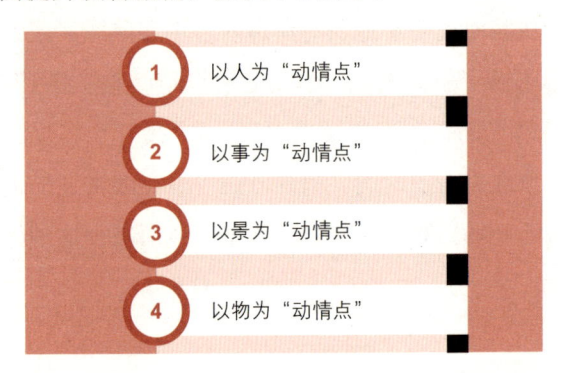

图 7-2 提升演讲激情的 4 个方面

1. 以人为"动情点"

对演讲者来说,空泛的"煽情"是大忌。演讲者在表达情感时最好有所依托,以生活中的人为"动情点",营造一种由人及情的效果,从而更好地唤起观众的情感共鸣,触动观众的心弦。

2. 以事为"动情点"

演讲者在演讲时可以把情感寄托在自己身边的事情上,以事为"动情点",实现融情于事。这样可以使演讲者的情感有所依附,有利于观众感知演讲的内容,从而激发观众对演讲的兴趣,使观众闻之动容。

3. 以景为"动情点"

演讲者可以在演讲中对某些有助于深化主题的情景进行渲染,以景为"动情点",实现情景交融。这样可以很好地升华演讲的主题,也可以使观众对演讲的内容产生更深刻的印象,有利于演讲者引导观众进入独特的艺术境界。

4. 以物为"动情点"

以一些典型物品作为表达情感的渠道也非常受演讲者的欢迎。以物为"动情点"通常有托物言情的作用,可以对观众产生强烈的情感刺激,更好地激发观众的情绪,使观众受到感染和鼓舞。

如果演讲者在演讲过程中带有强烈的感情色彩,就会使演讲变得更加形象生动,富有艺术感染力。演讲者应该以上述4个"动情点"为基础,有效地发挥情感的引导作用。

7.6 为观众打造峰值体验

你的记忆中是不是有一些难以忘怀的时刻,现在回想起来仍觉得犹在眼前、历久弥新?这种感觉就是"峰值体验"。同样地,演讲者也可以通过有意的设计为观众打造这种峰值体验,从而使观众对演讲内容和演讲者印象深刻。

现如今,购买产品已经升级为购买体验,人们不再满足于获取物质产品,而是更倾向于获取更高级的体验。例如,星巴克卖的不只是咖啡,还是一种有格调的休闲空间;迪士尼卖的不只是卡通,还是一种欢乐时光等。

虽然传统经济学将人定义为理性的动物,认为人能在面对生活中的抉择时选择价值最大者。然而事实上,人的行为远不如假设中的那样理性。人很可能受一时感情的驱使做出非理性的行为。但是人的非理性行为并不是任意所致,也并非毫无目的,它受到大脑思维的束缚,所以这些行为也是有规律可循、可以预测的。

人们可能不会记得你具体说了什么,但是绝对不会忘记你给他们带来的感受。根据诺贝尔经济学奖得主丹尼尔·卡尼曼的研究,人们对一段经历的感受取决于两个时刻,分别是"峰值时刻"(最好或最坏的时刻)和"结尾时刻"。找准并精心设计这些时刻,我们就能轻松掌控观众的情感乃至行为。

令观众愉悦的因素有很多,常见的是欣喜和荣耀。欣喜的愉悦来自大脑的专注与享受,会给人带来仪式感和惊喜,进而引发"超凡"的感觉。荣耀的愉悦来自展现勇气、获得认可、战胜挑战的一刹那,人们的内心会自发地产生一种骄傲和自豪感。下面我将具体说明欣喜环节和荣耀时刻。

1. 欣喜环节

欣喜的关键在于为观众营造超凡的环境，比如现场的布置有观众的姓名，现场的物料有拍照道具，甚至还有写着每个人姓名的专属图书等。这些小道具可以营造一个有仪式感的氛围或环境，这也是为什么有些发布会一定要在固定的场所举行，比如体育馆、酒店。

曾经有很多人向我提议选择免费的场所举办培训沙龙，如果免费的场所并不适合，一定不要因为成本而妥协。适宜的环境可以打开人的能量场，使观众一直处于愉悦的状态，参与认可度自然就高。我曾经选择中央商务区的空中咖啡厅举办培训沙龙，并在中间环节组织了抽奖活动，安排了茶歇，还给现场参与度高的观众赠送了 TED 演讲领域的图书。这场活动虽然是免费的，却给观众带来了非常好的体验，直到现在我还常常收到当时观众的问候，并收获了不少他们介绍过来的业务。

2. 荣耀时刻

成功人士身上最常见的特征就是对完成任务的痴迷。成功那一刻的成就感往往可以让很多人铭记终生。演讲者可以使用切分里程碑的方法为观众创造荣耀时刻。

演讲者可以给观众设计一些任务，并给予观众相应的奖励，以此为观众创造荣耀时刻。例如，我曾经在培训沙龙中给我的学员布置了一系列提升演讲力的演讲任务，以帮助他们逐步从演讲中找到成就感。

(1)去一个陌生场合,用 30 秒～1 分钟进行自我介绍。

(2)组织 3～10 次 2～3 人的小茶会,用 8～15 分钟介绍自己的任务。

(3)组织 10 次以上 10 人的演讲沙龙,用 30～60 分钟演讲(并准备达成成交目标)。

(4)组织 10 次以上 30 人的演讲沙龙,用 60～90 分钟演讲(并准备达成成交目标)。

(5)组织 30 次以上 30～50 人的演讲会,用 90～120 分钟演讲(并准备达成成交目标)。

美国作家玛雅·安吉罗曾说过,"人们会忘记你曾经说过什么,也会忘记你做过什么,但是不会忘记你带给他们的感受"。在演讲的过程中,放大观众的情绪感受,为观众打造峰值体验,可以使演讲者的演讲更有感染力,使观众留下挥之不去的印象。

第 8 章

互动管理：
商业演讲是
一场能量的博弈

互动水平是衡量演讲能力的关键。一个不会互动的演讲者往往只能沉浸在"自嗨"的世界里，使演讲气氛冷凝、尴尬，讲了很多内容但观众吸收很少；一个会互动的演讲者往往能够轻松调动现场气氛、拉近和观众的距离，并持续吸引观众注意力。

8.1 时间设计:使观众产生意犹未尽的感觉

好的演讲是设计出来的。在设计的过程中,时间是非常重要的一个因素,包括演讲时间的长短、演讲开始时间、互动的时间节点等。我们要通过时间设计尽可能地抓住观众的注意力,使观众产生意犹未尽的感觉。时间设计如图 8-1 所示。

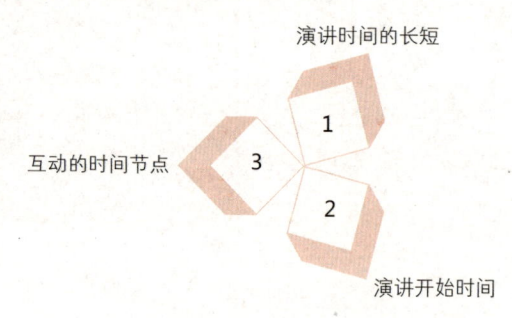

图 8-1 时间设计

1. 演讲时间的长短

我们想要做好时间设计,就要先了解人性。小学生的课程时间一般是 45 分钟,成年人的课程或会议时间最好不要超过 90 分钟。为什么这样设计?因为人们的耐性与时间有关,通常超过 90 分钟会使人感到不耐烦。

这里有一个有趣的小故事:在远古时期,人们打猎回来后,需要坐在火边把肉烤熟，而人们烤火的最长时间就是大约 90 分钟。在现代社会，人们耐心坐在椅子上的时间大约为 90 分钟。

我们在举办一些大型演讲活动时，一定要在 90 分钟左右安排中场休息。如果我们持续输出内容而不安排中场休息或对观众进行一些其他方面的刺激，那么很多观众就会开始走神，导致演讲效果变差。

2. 演讲开始时间

不同的演讲可能会在一天中的不同时间段进行，而在不同的时间段，人的状态是不同的，因此演讲者要及时地调整策略，以适应不同的时间段。

（1）上午是演讲的最佳时间段。一般 9 点至 10 点是人们精力最旺盛的时间段，此时人们的状态最好，最认真、专注，互动的效果也最好。但是也有例外，一些"夜猫族"在这个时间段可能会没有精神、哈欠连天，所以演讲者要根据观众的具体情况选择演讲时间，同时不要对一些迟到者太过苛责。

（2）午后是很多演讲者不喜欢的时间段。这时候的观众刚吃完午饭，血液加速供给到胃部，大脑昏沉，容易犯困。演讲者如果必须在这个时间段演讲，就要以特别强烈的刺激来提高人的兴奋度和注意力，比如劲歌热舞或有趣的活动等。

（3）下午一般是人们的主要工作时间，虽然人们的精神状态比较好，效率也比较高，但是如果演讲者是应邀到企业去演讲的，那么很可能会耽误观众的工作计划和下班时间。因此，在这个时间段，提前告知观众演讲时长和结束时间点非常重要。

（4）晚上是一个不太好的演讲时间段。人们工作了一天，这个时候需要休息。如果这时候还要参加商业演讲，观众可能会认为演讲者是在占用他们的私人时间，一开始就容易产生负面情绪。所以，晚上演讲需要节奏明朗，保持足够的精彩度，尤其是要严格控制时间，最好能提前结束，更容易使演讲获得成功。

3. 互动的时间节点

为管理观众的注意力，不让他们走神，演讲者要采取一些干预手段，比如每 15～20 分钟进行一次内容的互动等。演讲者切忌长时间向观众输出内容，否则很容易使观众心生烦躁，即便是不到 90 分钟也很难坚持。演讲者可以每讲一个话题就问一个问题，引导观众不断地随着演讲内容进行思考。

良好的时间设计是抓住观众注意力的关键，演讲者应该严格控制时间，使观众的眼神能够随时跟随自己，使自己与观众之间实现更好的信息传递和互动娱乐。

8.2 开场设计：避免"自杀式"开场

8.2.1 "自杀式"开场

观众保持注意力的时间一般只有 8 秒钟。因此，在一场演讲开始的时候，演讲者只有 8 秒钟时间吸引观众。这个时间要求演讲者必须一击即中，一定要避免"自杀式"开场。下面列举了 3 种"自杀式"开场。

1. 过度寒暄

有的演讲者一开口就是感谢 A 领导、B 领导、C 领导……把所有的主办单位和领导都感谢一遍之后，几分钟过去了。这时候如果演讲者还没有进入主题，观众便很容易走神或去做其他事情。当观众已经对演讲不抱期望时，再想将他们的注意力拉回来就很难了。

2. 过度自谦

有的演讲者一开口就说："今天的演讲准备得不是很充分，请各位领导、各位观众见谅，如果讲得不好，请多多包涵。"演讲者说这句话本来是想管理观众的期望值，可是观众感受到的是演讲者自己给自己判了"死刑"，如果演讲者自己都对演讲没有信心，那么观众也没必要再听了。

3. 过度自傲

有的演讲者为了标榜自己的权威，在开场时就毫不客气地把自己夸耀一番，这非常容易引起观众的反感。观众会觉得演讲者过度自傲，难以亲近，进而降低对演讲者的信任感。

8.2.2 开场方法

一段好的开场白不仅能快速激发观众的兴趣，为后面的演讲内容做好铺垫，还能快速活跃现场气氛。下面介绍 3 个正确的开场方法，如图 8-2 所示。

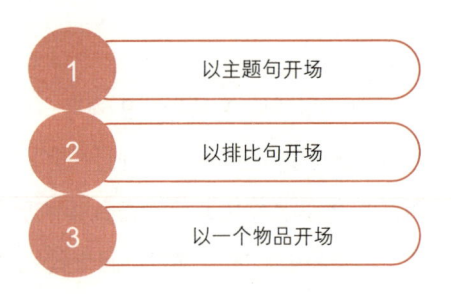

```
1  以主题句开场
2  以排比句开场
3  以一个物品开场
```

图 8-2　3 个正确的开场方法

1. 以主题句开场

演讲者在开场时可以直奔主题，将演讲的开场白浓缩为一个主题句，起到提纲挈领的作用。在某场小家电产品发布会上，厂家代表刘明在面向代理商的演讲中这样介绍主题："小家电产品要想打破常规、取得突破，要分两步走：发现问题和解决问题。"

刘明表示，其公司生产的空气净化器就是按照"发现问题，解决问题"两步进行研发的。接下来，刘明的演讲围绕开场时的主题句展开，说明了当前的客户面临什么样的问题，产品又是如何解决这些问题的。

"市面上的空气净化器存在以下问题：除 PM2.5 的效果不可见，除 PM2.5 的效果没有标准，除甲醛的净化器非常少，净化空气导致二氧化碳浓度升高等。产品解决问题从以下方面入手：设计能显示 PM2.5 数值的出风口，使用树脂吸附甲醛技术除甲醛，使用新技术将二氧化碳转化成氧气等。"

演讲者在选择主题句时可以使用比较简明的句子，用一句话把演讲内容概括清楚即可，这样可以对后面内容的展开起到提示作用。主题句最好不要太长、太复杂，否则会使观众一头雾水、抓不住重点。

2. 以排比句开场

除了以主题句开场，演讲者还可以尝试以排比句开场。以排比句开场可以增强演讲者的气势、烘托演讲的气氛，让观众在刚刚听到演讲时就被演讲者鲜明的风格所吸引，从而实现更好的演讲效果。

吴欣来自一家女装设计公司，她在某招商大会上运用了排比句作为开场白，起到了很好的效果。吴欣这样说："未来，想在制造业闯出一番天地，产品项目的优势不可少，产品品牌的优势不可少，产品管理的优势更不可少。要问我们的企业是否具备这 3 种优势，答案必须是肯定的。"

以排比句开场除了能强化演讲者的气势，给人留下深刻印象，还能起到提示下文的作用。演讲者可以将演讲的主题浓缩成一个排比句，在后续的演讲中再展开具体内容。在上面的案例中，吴欣在后面的演讲中就围绕排比句进行了具体说明。

"从项目的优势上看，产品包括多种不同的风格，应季产品更新迅速，能快速适应市场需求，且价格亲民，可覆盖更多目标客户；从品牌的优势上看，产品设计与国际时尚同步，分为日韩时尚风和欧美休闲风两大板块，连锁店遍布全国各地，具有品牌知名度；从管理的优势上看，项目采用先进的规模化、系统化的经营模式，简单易学，可复制。"

与以主题句开场一样，以排比句开场也能对整场演讲内容进行概括，同样可以起到提示后续演讲内容的作用。而且，这种直奔主题的开场方法不耽误观众的时间，直接用最核心的利益吸引观众的注意力。

3. 以一个物品开场

演讲者在演讲开场的过程中还可以用一个物品引出后面的演讲内容，即先吸引观众的注意力，然后将这个物品和演讲主题联系起来。这种开场方法可以使演讲更加生动、有趣。演讲的内容往往涉及新产品，因此，演讲者可以直接使用新产品作为开场的物品，先展示新产品的突出优势、功能等，以吸引观众的注意力，然后再详细展开后续演讲。

总之，演讲者可以通过以上3个开场方法做好演讲的开场。无论选择哪种开场方法，演讲者都要保证自己的演讲具有吸引力，能够在短时间内吸引观众的目光。

8.3 引发讨论：抛出诱饵，挥起提问的"魔法棒"

人们在回答问题时，注意力通常是非常集中的，出于要完美回答问题的目的，人们也会集中注意力来听问题。一般来说，在演讲时，"讲"意味着单向表达，如果演讲者能够将"问"的环节加进去，演讲就可以从单向表达转化为双向沟通。

演讲者在演讲的开端抛出一连串问题可以使演讲变成聊天，这样不仅有利于激起观众的好奇心，使观众更容易接受演讲，还在无形中提升了演讲者的感染力和亲和力。那么，演讲者应该如何使用提问式开场呢？需要掌握以下7个技巧。

（1）提问的语气很重要。演讲者在向观众提问时要注意自己的语气应该是温和的，尽量不要在情绪上给观众过多压力，最好是像朋友一样和观众轻松、自然地聊天。

（2）把握好自己的措辞。有些问题比较敏感，但是演讲者如果避开这类问题又会影响演讲效果。因此，演讲者要选择恰当的措辞，多使用一些谦辞、客套话、感谢语等礼貌用语，这样可以使观众在解答敏感问题时觉得更舒服。

（3）问题要与演讲的主题相关。演讲者可以提出一些让观众感到很意外，但是与演讲内容有密切关系的问题。需要注意的是，演讲者无论提出什么问题，都不能脱离演讲的主题。

（4）提出自己知道答案的问题。演讲者在向观众提问时要选择自己擅长领域的问题，并且要对解答问题胸有成竹，这样才可以在演讲过程中将答案详细地解释给观众听。

（5）提问要深入浅出。演讲者要对问题有深入的研究，但是在提问时要让观众感觉到很简单、浅显，以便激发观众回答问题并积极参与互动的热情。

（6）鼓励观众回答问题。演讲者在提问后要鼓励观众回答问题。在观众回答问题后，无论这个回答是否正确，演讲者都要予以鼓励。如果某位观众的回答和演讲者预设的答案接近，那么演讲者可以提议其他观众给予这位观众热烈的掌声。这样，演讲者在后续提问时就会有更多观众愿意与其互动，并积极回答问题。

（7）有些提问不需要公布答案。很多时候，演讲者向观众提问主要是为了激发观众的积极性，或者是为了将观众的注意力吸引到演讲上来。在这种情况下，演讲者可以不公布答案，或者将答案放到演讲的中途或结尾公布。

引发观众讨论是抓住观众的注意力、与观众互动的重要方式。演讲者设计与观众讨论的环节能够激发观众的兴趣，提升观众的参与度，让观众有所思考和收获。

8.4 掌控问答：占据主动，引导发言

我们之所以要提升沟通能力，是因为在现实社会中，人与人的交往不都是那么和风细雨的。不是每个人都会真诚、和善地与你沟通，也不是每个人都会向你提出那些你想回答、能处理的问题。在演讲中同样如此，如果观众在演讲现场向你提出一个你不会回答的问题，或者提出一个你不想答应的需求，或者直接对你提出质疑，你要怎样应对呢？我的答案是学会"4个换"，即换口径、换时间、换场合、换角色（见图8-3），目的是在问答环节占据主动。

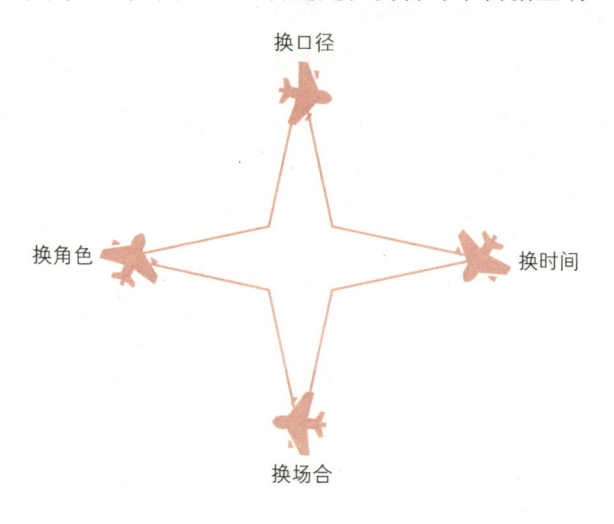

图8-3 应对问题的"4个换"

1. 换口径

换口径是指对方问你问题A，你转换概念，不正面回应，而用B来回应他。例如，同事找你帮忙，你没有时间，对方却嘲讽道：

"呦,您现在可真是个大忙人。"如果你反驳"可不是,哪能和您比,每天都闲着没事干",那你们的关系肯定会破裂。

正确的回应方式是:"唉,我就佩服您这样的业务大拿,举重若轻,什么事到您手上都能快速解决。"这个回复就是把"您现在可真是个大忙人"中隐含的对你看不起同事、不愿意帮助同事的指责置换成了"对同事的褒奖"。口径一换,两个人的潜在冲突就被化解了。

2. 换时间

换时间是指另找时间来解决对方的问题。例如,你的演讲到了尾声,有位观众非要让你把之前讲过的概念再讲一遍。如果你直接说"这个问题我之前讲过了,你问问别人吧",肯定会引起这位观众的不满;但是如果你为这位观众讲解问题,又会耽误散场时间,引起其他观众的不满。

正确的回应方式是:"这个问题问得非常好,等一会儿散场之后,我们私下一起探讨。"时间一换,你就从沟通的回答者变成了沟通的发起者,而且没有当众驳斥观众,双方的沟通冲突得到了完美解决。

3. 换场合

换场合是指空间意义上的换场合。在周例会上,领导说:"这周我们有一个急单需要收尾,本周六需要全员加班一天,之后大家可以调休一天。我们一定要按时完成这个订单,大家有问题吗?"领导刚说完,你就面露难色,于是领导问你:"你有什么难处吗?"假设你本周六原定和女朋友去见准岳母,你应该怎样跟领导说呢?

如果你当众说"我要去见岳母,所以这周六加不了班",你觉得领导会怎样回复你。领导可能会直接批评你:"怎么回事,刚才开会没听到吗?你不是这个公司的一分子吗?你跟公司的业绩没关系吗?"这是因为开会是公开场合,领导代表了公司,要维持公司形象的严肃性。你周末来不来加班可能是小事,但是如果你当众拒绝加班,会使领导很难再去要求其他人,这意味着刚刚的动员大会白开了。

在这种情形下,你可以换个场合再沟通。你可以这样回答:"小事,不耽误大家,会后我单独跟您说。"这样说等于是将事件降级了。散会之后,你再单独去跟领导说明情况,一般情况下,领导是会同意的。

4. 换角色

当某些问题确实没有明确的答案时,你就可以通过换角色的方式适当地把"球"踢给观众,交给对方判断。例如,你在演讲时询问观众:"大家有什么问题需要问我吗?"这时一位观众问了一个你不知道怎么回答的问题,你应当怎么应对?除了让这位观众在散场之后私下找你讨论,你还可以这样说:"这个问题非常好,刚好可以用我之前讲过的内容来解决,大家思考一下,有没有人能为他解答?"这样既避免了尴尬,将问题还给了观众,又引发了新一轮的思考与互动,活跃了现场气氛。

在演讲现场,演讲者应始终发挥主导作用,用自己的方式和方法引导现场观众,使观众有更好的观看体验和思考方向。

8.5 聆听回答：说"是"的力量

古希腊有一句谚语："聪明的人，根据经验说话；而更聪明的人，根据经验不说话。"真正有智慧的人，常常将精力用于倾听。这是因为他们知道，在大多数情况下，听对方说远比让对方听自己说更好。

很多时候，我们没有必要通过过多的语言来表现自己的说服力。我们可以选择认真倾听观众的需要和意见，并在倾听的过程中表现出对观众的认同感，从而一语定乾坤，使问题得到解决。在我们与观众互动的过程中，观众也需要认同感，渴望被认同就像渴望被称赞一样，是人的基本精神需求，毕竟没有人希望自己被别人反对、排斥。因此，我们应该学会说"是"，以表达我们对观众的理解和肯定。

当我们认真倾听观众的发言时，观众会产生被尊重的感觉；当我们给予观众认可的时候，观众会产生被认同的感觉，从而在情感需求上得到满足。同时，在与观众交流的过程中，我们先肯定观众说的话，更有利于与观众建立信任关系，缩短我们与观众之间的情感距离，并找到说服对方的突破口。

小李是做教育培训工作的，他在某次商业演讲中的主题是"如何培养孩子的表达能力"。在问答环节，许多家长表达了对自家孩子表达能力的担忧。小李没有打断他们，而是变成一位倾听者，先耐心地听每一位家长讲述问题，而且时不时地点头回答"是的，这确实是一个非常严重的问题"，肯定和认同家长们。然后，小李根据家长们的陈述，向现场观众问了几个问题：你觉得孩子有责任心重不重要？责任心有助于孩子的学业和未来职业的发展，各位觉得对不对？孩子拥有责任心，从此不抱怨，你们觉得好不好？

对于这几个问题，现场观众的回答是"重要""对""好"。观众无法否定，是因为这些问题自带的答案都是每个人想要并希望得到落实的。这些正中痛点的问题使现场观众在潜意识中更加认可小李的观点，现场气氛也随之热烈起来。小李趁此机会挖掘到了现场观众的需求和痛点，从而围绕观众想要解决的问题展开了演讲，不断深入观众内心，增强了演讲的力量和效果。

与谈论对方喜欢的话题相比，人们更希望谈论自己喜欢的话题。所以，我们想要说服观众，可以先把表达机会让给观众，并站在观众的角度给予肯定，以此拉近与观众的距离，从而深入推进双方关系，为后续的商业活动找到突破口。

8.6　吸引注意力：8 秒之内抓住观众的注意力

一场出色的演讲需要建立在了解观众的基础之上。只有充分了解观众如何思考、认知、观察、反应、做出决定等，才能获取更多有效信息，使演讲效果更加完美。每一位有实力的演讲者都是行为科学家。演讲者想要通过演讲使观众采取行动，就需要了解观众的大脑，吸引观众的注意力，并激励观众采取行动。下面要分享的是如何在 8 秒之内抓住观众的注意力。

1. 适宜的时间和环境

演讲者在安排演讲时间时尽量别占用用餐时间，因为这时的观众比较饥饿，注意力容易分散。另外，味道浓重的食物不要出现在演讲现场，不然会影响现场环境的格调，降低观众的体验感，这也是为什么大多数沙龙现场只准备水果、点心之类的食物，而不会安排观众吃着火锅听演讲。此外，环境也会分散观众的注意力。温度过高或过低都会使观众无法集中精神，进而降低参与度。

2. 制造互动惊喜

人的大脑会因为新奇的事物和创意变得兴奋。演讲者可以通过呈现意想不到的道具、互动礼物等方式使观众感到惊喜，进而集中注意力。

吸引观众的注意力是演讲者与观众互动的重要目的，一位成功的演讲者不仅要具备抓住观众的注意力的意识，还要注重抓住观众的注意力的速度。只有在短时间内快速抓住观众的注意力，才能够实现更好的互动效果。

如果观众的注意力长时间分散，就很难再次集中了。因此，演讲者一定要注意分秒的掌控，以便在短时间内采取有效的方法，快速抓住观众的注意力。

8.7 制造悬念：用罕见的事物激发观众的好奇心

对于平庸的论调，观众往往不感兴趣，如果演讲者用观众意想不到的见解引出话题，营造"此言一出，举座皆惊"的氛围，则可以立即震撼观众，使观众充满兴趣地听下去，这样就能达到吸引他们注意力的目的。

我在经营公众号"CEO演讲教练成晓红"时发现，当标题有悬念时，文章的阅读量会明显提升，商业演讲也是如此。

演讲者可以通过设置悬念让演讲更具有艺术感染力。对于一些超出自己认知的事件，观众都有强烈的好奇心和探求欲望，这会增强观众对外界信息的敏感性，激活观众的思维，使观众产生一种想要探求真相的冲动。因此，设置悬念，将一些罕见、令人震惊的事件展示给观众，可以获得意想不到的效果。

在生活中，设置悬念的应用非常广泛，主要是为了激发观众的好奇心并吸引观众的注意力。在演讲过程中，演讲者可以通过设置悬念让观众更愿意听自己演讲，从而将自己的观点更好地传达给观众。

苏州园林有一处"月到风来亭"。亭子建在水边，亭后立着一面大镜子。导游在介绍这个亭子时会对游客说："每到夜晚月上枝头时，这里会出现3个月亮。"游客此时可能会问："天上1个月亮，水中1个月亮，第3个月亮在哪里呢？"等吊足了游客的胃口，导游才继续介绍："第3个月亮就在镜子里。"游客这时恍然大悟，同时赞叹镜子设置得很巧妙。

导游使用设置悬念的方法吸引了游客的注意力。如果导游只是单纯地对亭子进行介绍，游客可能没有多大兴趣，解说效果就会大打折扣。

设置悬念的关键在于隐藏关键信息，同时利用其他内容使观众对关键信息产生好奇心。假设你今天买了一袋苹果，卖家说苹果很甜，结果买回家一尝，发现苹果很酸。你想把这件事情告诉朋友，应该怎样设置悬念呢？

你如果选择的关键信息是"苹果很酸"，那就可以使用不说结果的方式设置悬念。例如，你可以对朋友说："我今天买了一袋苹果,卖家说苹果很甜,结果你猜怎么样?"你如果选择的关键信息是"卖家说苹果很甜",那就可以使用先说结果的方式设置悬念。例如,你可以对朋友说:"我今天买了一袋特别酸的苹果,你知道为什么吗?"

需要注意的是,不是所有悬念都需要使用问句引出。只要能够抓住观众好奇的关键点,一个普通的陈述句也能设置悬念。例如,演讲者可以说:"在演讲开始前,我想和大家说一说今天我遇到的一件特别奇葩的事。"此时观众就会好奇:具体是什么事?这件事有多奇葩?演讲者如果能够利用好这种方法,则很容易引导观众认真听演讲。

虽然设置悬念有大作用,但是演讲者不可以故弄玄虚,也不可以频频设置悬念,更不可以对悬念置之不理。演讲者应该在适当的时候解开悬念,使观众的好奇心得到满足。这样也能够使前后内容相互照应,使整个演讲浑然一体。

例如,某位专家举办讲座,刚开始时现场秩序比较混乱,很多观众在忙自己的事情。于是,专家通过PPT展示了提前准备好的诗:"月黑雁飞高,单于夜遁逃。欲将轻骑逐,大雪满弓刀。"随后,他指着PPT上的诗说:"这是一首非常有名的诗,大家都认为这首诗写得很好,没有任何瑕疵,但是我觉得它有些小问题……"就在这时,观众都停下了手边的事情,将注意力集中到演讲上,仔细听这位专家解说。

由此可见,设置悬念不仅能很好地吸引观众,使观众认真地听接下来的演讲,还有利于加深观众对演讲的印象,使观众回味无穷。

8.8 感同身受：三步打造强大同理心

有些演讲者的语言结构完美，却让人觉得空洞；有些演讲者的声音优美动听，却让人觉得油腻。这是为什么？有可能是因为演讲者在同理心方面准备得不够充分。

在商业演讲的过程中，我们如何才能表达出"你的感觉，我懂"，或者说如何才能让对方告诉我们"你的感觉，我也懂"？这需要我们有一颗同理心。

逻辑严密的话语不如感同身受。同理心是一门艺术，是透过他人的眼睛看世界的艺术，是让自己不做任何主观评价地站在对方的立场了解事实、看法、感受、需求的艺术。

同理心不是同情心，同理心可以拉近人的距离，而同情心则可能起反作用。同情心表现为对他人的同情和怜悯，但是可能让他人觉得你是一个喜欢指指点点的人。同理心则表现为中正且客观地分担他人的痛苦，让对方的痛苦减轻。

在演讲中，同理心是我们的立场，也是我们展现亲和力的基础。那么，如何打造同理心呢？下面分享打造强大同理心的 3 个步骤。

1. 以关注对方为重点

同理心不是"我思，故我在"，而是"我在，故我思"。这句话的意思是，不要运用你的想象力去思考对方的问题，而要从对方的视角思考问题。我们的大脑其实特别喜欢编故事，会想象出很多不是客观事实的内容，进而影响我们的决定。曾经有位朋友跟我说：

"你不知道,我们在别人嘴里、心里不知道演了多少集的主角。"但是,实际情况却与这位朋友的说法相去甚远。

所以,我们在演讲时要克制自己的脑内"小剧场",不要以自我为中心思考问题,而要以关注对方为重点,让自己变得不重要。以恐惧演讲为例,很多演讲者过于在意别人对自己的看法,所以害怕上台。事实上,没有人会长时间记住演讲者在现场的表现。演讲者应当在意的是,观众会因为演讲者而有更多的收获。

2. 不要有评判之心

评判是同理心的杀手,是导致语言暴力的元凶。我们常常会错误地把事实和评判混为一谈。有评判、有观点,可以使我们的表达更有存在感,但是有些时候,当观点变成了评判,尤其是不小心上升到人格时,就会伤到别人。

例如,"你这个人怎么老是迟到"是评判,而"这个月,你迟到了 3 次"是客观事实。老是、每次、永远、总是、经常等词语都有评判的意味,是非常伤人的表述,也是非常不负责任的语言,长期下去,对方可能会"如你所愿"地变得越来越差。

皮肤上的伤口可以愈合,语言导致的创伤却可能伴随人的一生。收起我们的评判之心是打造同理心的重要一步。

3. 感受对方的感受

如果你是一位有同理心的人,你的忠言不一定会逆耳。

下面两种表达方式并不能让对方接受你的意见。

(1)过于严厉地指出问题并带有情绪化地进行批评。你坚信,不狠一点,对方是不会改正的。

（2）在严厉批评前，先别有用心地提示一下。例如，"我这个人说话比较直接，你别介意，我觉得你这里还是不行……"或者"我跟你说个事，对事不对人，我觉得你这里还是有很大问题的……"

这样的表述只是在批评别人，根本没有谈到客观事实，过分的批评和消极的表达会消磨倾听者的热情和锐气，使他们渐渐变得平庸。

我们在提醒别人时要有同理心，感受对方的感受。好的做法是不做评判，只给出建议和解决方案。我们可以这样做：

（1）尽量委婉，以免误会。

（2）赞扬和肯定对方，营造气氛，拉近距离。

（3）突出对方的重要性，激活责任感。

（4）不要用负面词语。

如果想要表达得更加高级，我们还可以把"我觉得"换为"我看见"，把"但是"换为"同时"，把"你有问题"换为"你可以稍微注意一下细节"。

打造强大同理心的关键在于心。我们只要真心在乎对方，站在对方的立场考虑他们的感受，就能听到对方的心声，让他们感受到被在乎、被帮助，我们的演讲就更容易被对方接纳。

8.9　演讲结尾：总结 + 号召 + 引发思考 / 行动

在演讲结尾，即便演讲者已经讲完有关项目的重点内容，也不要草草收场，或流露出太强烈的推销的意味，而要通过精心设计的结尾加深观众对演讲的印象，更好地促成合作。演讲者可以通过 3

种方式设计的演讲结尾。

（1）总结式结尾，即总结自己演讲的重点。在演讲的主体内容结束后，演讲者可以选择总结式结尾收束全场，并且再次强调演讲重点。这种结尾方式比较容易把握，而且简短的回顾和重点强调可以使观众加深对演讲内容的印象。

在演讲快结束时，演讲者可以使用一些引导性的话语引起观众注意，提醒观众演讲即将结束，比如"最后，我还想再提几点建议……""最后，我还要强调的是……"等。

在某电子元器件的行业展会上，企业创始人王华在介绍了展会的主要内容之后这样总结道："最后我要强调的是，对企业来说，未来发展的方向是明确的，就是从以下3个方面加速产品的产业链和服务链结合：提升消费者的一站式购物体验，私人定制满足不同消费者的不同需求，仓储物流外包并且争取在未来两年内实现销售额翻一番的计划。"这样的结尾再次强调了演讲的重点，对之前的演讲内容进行了强调，能够给观众留下深刻印象。

（2）号召式结尾，即以号召大家采取行动来结尾。演讲者可以使用号召式的结尾使观众感受企业的理念，吸引更多的代理商认同企业的文化和加入产品项目的合作，并号召大家行动起来。

演讲者在使用号召式结尾时可以参考以下几个句式："最后，愿……更愿……""最后，希望今后能更好地……""企业坚定地相信，未来能……，愿在座的每一位都可以……"等。号召式结尾是情绪高昂的一段演讲，可以使观众感受到演讲者的激情，以及企业的文化和使命。

在某次产品发布会上，企业CEO刘康以号召式结尾结束了演讲，提高了观众对产品项目的认同感和参与合作的行动力。在演的最后，刘康说道："演讲到这里就告一段落了，但是企业对'让每一位消费者满意'的追求永远不会结束，企业会始终坚持'高高山顶立，深深海底行'的实践精神，为消费者提供更好的服务、更优质的产品。所以希望未来的日子里能有更多志同道合的伙伴加入这个蓬勃发展的行业，加入这个欣欣向荣的企业，加入这个在未来势必大有作为的合作项目。"

号召式结尾除了可以使用几个常用的句子，还可以像上面的案例一样结合排比的句式增强语势，使观众深受感染，从而促进未来的合作。

（3）引发式结尾，即以引发大家思考来结尾。演讲的结尾应该起到画龙点睛的作用，因此演讲者也可以使用引发式结尾。引发式结尾可以引发观众思考，给观众留下深刻印象，比如"在本场讲座结束之后，在座的各位可以思考一下……"

在某次招商大会上，企业创始人李亮在演讲结束时这样说道："对于未来行业的发展，大家可以想象一下十年、二十年之后制造业的场景。在全球化浪潮的席卷之下，全世界的制造业都会受到冲击，中国也不例外。那时，制造业企业想要活下去就不得不思考两个问题：什么样的制造业会消失？互联网与制造业的结合、服务业与制造业的结合又会给制造业带来什么？"从以上的引发式结尾可以看出，两个连续的发问引人深省，给人留下了很深的印象。

总之，无论是总结式结尾、号召式结尾，还是引发式结尾，都是值得借鉴的结尾方式，都可以引用一两句金句作为点题呼应，都能够加深观众对演讲的印象。在实践中，演讲者可以灵活选择结尾方式，最重要的是要将结尾和演讲内容紧密结合在一起。

第 9 章
故事案例：讲道理永远不如讲故事

塞缪尔·泰勒曾说过："当我们进入故事世界的时候，一切变得不一样了，我们会自动放弃怀疑。"因此，我们在成交之前最适合讲故事，讲感动人的故事。当观众在情感上被感动，再多的道理也很难撼动他，这时他们的成交动力是最强的。所以我们在演讲过程中要善于利用故事表达观点，以此提升成交率。

9.1 找到故事：选好故事题材

个人品牌的传播需要一个打动人心的故事，这个故事不能像流水账一样，而要有情感、有记忆点。动人的故事能够促使人们主动传播，而带有个人品牌营销色彩的人物故事可以在社交媒体中被层层传递，最终触达目标人群。

企业家身上最值得讲的故事莫过于其创业经历，如果企业家能够把创业经历讲成一个动人的故事，就能够极大地促进个人品牌的传播。此前，罗永浩凭借《一个理想主义者的创业故事》的演讲讲述了自己的创业故事，将自己的创业经历展现得淋漓尽致，引起了许多人的共鸣。

同时，商业上的成功案例也是很好的故事题材。我们需要准备非常多的自己与客户的故事来增强说服力，包括客户成交的故事、服务客户的故事等。因此，准备演讲故事的第一件事就是列出自己的前十位杰出客户，然后将他们的故事整理出来，这些就是我们演讲的故事题材。

例如，赵航是温州一家鞋厂的老板，他善于用自己的创业故事与观众建立情感连接，常常在公开场合讲述自己打拼事业，不服输、不低头的故事。有一次，他在一场招商会上讲述自己的创业故事，给观众留下了非常好的印象。

这是他演讲的大致内容:"20多年前,我一个人闯杭州和苏州,做成了第一笔300双鞋的订单。正是有了人生的'第一桶金',我才能够坚持下来,将鞋厂越开越大。

"那是在1995年,我刚刚19岁。当时,我已经在温州一家鞋厂工作了3年,有一股初生牛犊不怕虎的干劲。当年,我的朋友在杭州发展,我决定去市场广阔的杭州试试看,于是自己设计了十几款女鞋,然后提着样品,带着几百元钱,坐着客车从温州前往杭州。到了杭州,我一张订单都没有接到,于是又坐车前往苏州,可仍然一无所获。

"我没有放弃,依然一家一家地拜访服装鞋帽公司,直到来到了江苏某进出口服装鞋帽公司。我一进领导办公室就见到了经理,于是我迅速将样鞋规整地摆放在经理面前,观察着经理的脸色。功夫不负有心人,我终于得到了经理肯定的回复。经理向我提交了一笔300双鞋的订单。签下订单的瞬间,我激动得说不出话来。我向经理承诺一定按时交货!

"这笔订单让我更加坚定了创业的决心,成为我创业生涯的开端。截至2022年底,我的鞋厂出口量已经达到5000多万双,出口创汇近2亿美元。在整个鞋类出口行业下行的形势下,这一成绩是非常耀眼的。"

这个故事对企业招商会起到了加分作用,现场很多观众受到这家企业积极向上的精神的感召,纷纷选择成交。另外,创始人赵航这种不服输、不低头的精神也引起了现场很多观众的共鸣,让他们从情感上更加偏向他。可见,成功的客户案例是我们商业演讲最宝贵的故事题材,它们不仅真实可信,还极具说服力,是对我们的产品和服务最有力的说明。

在借故事传播自己、传播个人品牌时，励志的创业故事或客户成交故事都是很好的故事题材。如今，越来越多的企业家愿意分享自己的创业故事，这样不仅可以加深目标人群对企业家的了解，拉近彼此之间的距离，还有利于企业家为其品牌和产品塑造良好形象。

9.2 加工故事：掌握三大要素

如何将故事叙述得更加清晰明了、引人入胜呢？我们需要有一个讲故事的结构。这个结构包括三大要素，分别是背景、行动、结果。围绕这个结构加工故事能够使我们所讲的故事更加系统、完善，使观众更容易接受我们所讲的故事。加工故事的三大要素如图 9-1 所示。

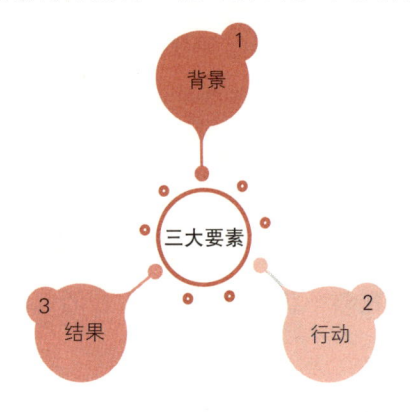

图 9-1 加工故事的三大要素

1. 背景

陈述背景是讲故事的第一个环节。这里有一个非常好用的工具可以用来介绍背景，即 5W 原则：Why（为什么）、What（是什么）、

Where（在哪儿）、Who（谁）、When（什么时候）。当我们把这5个点都描述清楚时，基本上就能为观众描述出故事大概的轮廓了。

故事背景1：创始人受到环境启发

国际上很多天然品牌的故事背景都是这种逻辑。创始人家里可能有一个薰衣草庄园、葡萄庄园，后院有一株特殊植物或者家附近有一个温泉等，创始人受到这些环境的启发，决定创造一个天然品牌。

故事背景2：创始人对现状不满

这种故事背景非常常见。例如，创始人或者他的爱人陷入某种困难的窘境，但是市场上的产品都不理想，于是创始人决定研制某种产品改变现状。随着产品被越来越多的人熟知，创始人创造了某个品牌，随后逐步拓展产品线。玉兰油、三个爸爸等品牌的故事背景便是这一种。

故事背景3：创始人的执着追求

大多数品牌的创业故事是基于这种故事背景的，包括苹果、小米等。创始人本身有惊人的天赋，先基于灵感创造了某一品牌，然后通过执着追求，最终将兴趣与技术完美结合，研发出某款产品，该款产品迅速融入人们的日常生活，成为经典产品。

故事背景4：阴差阳错

市场上有少部分品牌是阴差阳错建立起来的，比如马应龙药业、乐蜂网等。以乐蜂网为例，创始人李静本身是知名电视人，认识很多时尚界达人，包括林青霞的专业造型师梅琳等。大家私下碰面的时候，李静总是习惯性地与他们谈论美容之道。后来，李静从玛莎做餐饮到写畅销书，再到做电视节目的事业路线中感悟到，身为主持人的自己可以借助内容平台的影响力建立新的产品品牌,甚至进军零售业。

后来,红杉资本中国创始和执行合伙人沈南鹏找到李静,表示愿意投资她构建的化妆品自有品牌。于是,李静以自己的节目内容为支撑,聚合与自己相熟的时尚界达人,以乐蜂网为平台开创了化妆品、护肤品自有品牌,进军电子商务领域。

2. 行动

给出主角的行动是讲故事的第二个环节。演讲者在讲故事时应将行动具体化。很多人都曾在理想和现实的矛盾中挣扎,他们总是想:我要不要辞职去创业呢?我真的可以成功创业吗?这种理想和现实的矛盾是很多人曾经经历过的,因此很容易引起观众的共鸣。如何在这样的矛盾中采取行动则是观众想要听的重点。例如,罗永浩在讲述他的创业故事时具体表述了他所采取的行动,可以归结为以下6点。

(1)少年时代桀骜不驯,"不走寻常路"。

(2)青年时代潦倒叛逆,和社会格格不入。

(3)经过深思熟虑,决定做出改变,开始学习英语。

(4)积累了足够的经验后,离开新东方,向着更加远大的目标前进。

(5)走上充满坎坷的创业之路。

(6)克服困难,取得了比较不错的成绩,产品被越来越多的人接受。

行动是故事发展的重要因素,我们必须表述主角的具体行动,以推动故事情节展开，为后续塑造个人或品牌形象做好铺垫。

3. 结果

描述结果是讲故事的第三个环节，结果是对故事的总结和升华。结果是说服力，是获取观众认可和信任的关键因素。好的结果能够彰显演讲者和其品牌的能力，树立更好的品牌形象。因此，我们讲故事应尽量以成功的故事为主，以获得观众的信赖，激发观众进一步了解产品的欲望。

总之，要想讲好故事，背景、行动、结果三大要素必不可少，而具体选择什么样的背景、什么样的行动、什么样的结果我们要根据故事的真实情况而定，可以适当地进行修饰，切忌胡编乱造影响品牌信誉。

9.3 分享故事：不同情景，重点不同

如果把故事比作一种产品，那么在生产这种产品的时候就要考虑产品的应用场景。我们在欣赏戏剧等艺术的时候总是离不开场景。很多时候，我们受到戏剧中的某个情节或者某句话的触动，并不完全是因为这个情节或者这句话本身，而是先通过场景的渲染，我们对人物的处境有了一定的了解，然后才能感同身受，产生共鸣。

考虑故事的应用场景十分重要，在不同的场景下，一样的故事可能产生截然不同的效果。一个分手后生活得更幸福的故事，讲给失恋的人听，对方可能备受鼓舞，而讲给一个正在热恋的人听，对方大概率会感到莫名其妙。

人们总说，在合适的场合说合适的话，这其实就是在说场景的重要性。一个合适的场景可以提升故事的效果，相反，一个不合适的场景则可能会对故事的效果造成毁灭性的打击。因此，我们在讲故事的时候要将讲故事的场景纳入考虑范围。

我们在观看各类演讲节目的时候不难发现，很多人在演讲的时候喜欢从观众的角度出发讲述故事。例如，在学校演讲会上讲述自己上学时的故事，在企业演讲会上讲述自己在职场中的故事等。这是因为在演讲的场景下，演讲者与观众处于一种默认的、彼此交流的状态，演讲者负责输出观点，观众负责接受观点。用观众熟悉的语言沟通更容易让观众敞开心扉接受故事传递的信息。

只有在观众以开放的心态接收信息时，信息才能实现更好的传播效果。如果是在对方内心充满抗拒、拒绝接受观点的场景下，演讲者即使通过讲故事的方式也很难让对方接受自己的观点。相反，如果是在对方很感兴趣的场景下，演讲者讲的故事就会轻而易举地被对方接受。另外，讲故事时的环境氛围也会对演讲的效果产生影响，如果环境氛围十分契合，听故事的人会更容易产生共鸣。

在组织故事时，我们需要通过设想场景来对故事的效果进行评估。就像生产一种产品，我们必须考虑观众会在什么样的场景下使用这种产品，这样才能更准确地判断产品有没有满足观众的需求，有没有达到设计产品的预期目标，或者有没有什么不合理的地方需要改进。故事也一样，只有提前考虑好故事的需求场景，有针对性地进行创作，故事才能发挥它的最大价值。

9.4 好故事的两个重要特征

我们都想打造好故事,可什么是好故事?首先,好故事要具有画面感,给予观众想象空间;其次,好故事要具有共鸣性,有能够让观众感动的内容,能够让观众领会表达的意思。

1. 画面感

同样的故事,不同的人可以从不同的维度解读。例如,我们在讲产品故事时不一定非要讲产品的设计理念、研发过程等,只要抓住观众的关注点,在细节描述上下足功夫就够了。

通过描述引导观众进入情境、展开想象并产生画面感不是一件容易的事情,我们需要能够讲述生活中的场景。例如,一位家居品牌推广人在演讲中向观众推销床垫的时候,说道:"我们的床垫没有震动感,在同一张双人床上,一个人起床了,另一个人完全没有感觉。"这样的产品介绍显然无法打动观众,因为他没有制造出画面感。

品牌推广人可以这样说:"您应当有过因应酬客户很晚回到家里的经历吧,您的太太在家里等了一个晚上,终于等到您回家一起休息了。两个人本来都很困很累,可是您酒喝多了,半夜要起床去洗手间三四次,如果每次起床都会产生震动干扰,您让太太一个晚上怎么睡觉呢?"买家常常会被这样的陈述打动,从而买下这款没有震动感的床垫。

我们讲产品故事,应尽量抓住产品的细节,用细节描绘故事的画面感。只有让观众的大脑中出现了画面感,才能真正打动观众,这样的故事才能称作一个好故事。

2. 共鸣性

要想讲好故事，我们还要考虑故事是否可以引起观众的共鸣。如果文不对题，或者没有能够触动观众的内容，再精彩的故事也很难达到预期效果。

想要引起观众的共鸣，我们的故事需要有一个简明易懂的主题。众所周知，写文章之前要明确文章的中心思想，否则很容易天马行空，偏离主线。讲故事也一样，要先确定故事的主题。例如，某部电视剧的剧情很好，但是如果在不了解剧情的情况下解读剧名，大多数人可能会不知其所以然，这样的故事主题显然是不理想的。

一个好故事，人们通过主题就能理解它在讲什么。例如，我们可以采用一个动作来做主题，比如《搭错车》；也可以采用一个人物来做主题，比如《如懿传》；还可以采用一个地点来做主题，比如《井冈山》。只要是大家熟悉的、容易理解的内容，就可以作为故事主题。故事主题一般分为 3 类，即关于人物的、关于产品的、关于服务的。明确自己要讲哪一种故事后，便可以据此展开叙述。

同时，我们可以在故事的内容上适当制造冲突。如果用平铺直叙的方式讲故事，很难让观众产生听下去的兴趣，所以好故事应当能够制造冲突，有起伏、有悬念。

总之，有画面感和共鸣性的故事才更容易集中观众注意力。有画面感的故事好比一部在观众脑海中自动播放的影片，强烈的画面感更容易给观众留下深刻的印象。此外，我们在演讲中适当加入一些自己的情感，更容易将观众代入故事，使观众产生感慨和顿悟，从而更易于理解和认可演讲者所讲的内容。

9.5 五感法成就好故事

如何让我们的故事更加生动、打动人心呢？一般情况下细节越丰富，观众越能产生共鸣。我们可以通过五感的细节呈现故事，即视觉、听觉、触觉、嗅觉、味觉，给观众带来身临其境的感觉。

1. 视觉

视觉表达的方法有两种：一是创造人物对话，二是使用外表描述。

1）创造人物对话

在讲故事时，对话经常被用来创造场景。如果我们可以模仿两个人的对话，让观众像看电视剧一样产生画面感，我们的故事就会更吸引观众。下面两种叙述会给人带来完全不一样的感觉。

示例1：我第一次来到演讲培训机构的时候，王老师热情接待了我，并让我有问题随时找她。

示例2：我第一次来到演讲培训机构的时候，王老师冲我打招呼："你好，欢迎你的到来，我是王老师，有什么问题都可以找我。"

第一种叙述比较平淡，只是陈述事实。第二种叙述通过对话描绘了王老师热情的态度，更容易使观众产生画面感，从而调动观众的情绪。

因此，我们在讲故事时，不妨加入一些对话，将观众带入故事情节。

2）使用外表描述

故事中对主人公外表的描述能够增强人物的画面感。比如，朱自清在散文《背影》中对父亲外貌的描述就非常经典。

"父亲是一个胖子，走过去自然要费事些。我本来要去的，他不肯，只好让他去。我看见他戴着黑布小帽，穿着黑布大马褂，深青布棉袍，蹒跚地走到铁道边，慢慢探身下去，尚不大难。可是他穿过铁道，要爬上那边月台，就不容易了。他用两手攀着上面，两脚再向上缩；他肥胖的身子向左微倾，显出努力的样子。"

在这段描述中，作者描述了父亲的穿着、体态、动作，这些细节使人物形象更加立体，让读者印象深刻。因此，当我们要在故事中描述一个人物时，不如先介绍他的穿着、身高、体态、特征等，可能会给观众留下更深刻的印象。

2. 听觉

在故事中加入一些拟声词能让故事更有趣，比如叽叽喳喳、噼里啪啦、稀里哗啦、咣当、轰隆等。例如，描述一个人紧张时，我们可以这样说："还有10分钟就要上台了，我摆弄着手卡，听见心脏在扑通扑通地乱跳。"描述一个荒凉寂寥的场景时，我们可以这样说："外面的风呼呼地刮着，树叶被吹得沙沙响。"

3. 触觉

触觉是我们的身体感受，身体感受会影响心理感受，这两种感受都可以影响观众的情绪。例如，我这样描述第一次演讲时的样子："记得第一次上台演讲的时候，我的双手紧张得不知道放哪里好，后背一阵阵地冒冷汗。"在听到自己被开除的噩耗时，我是这样描述的："我心里难受极了，眼泪止不住地掉了下来。"

这两句话非常形象地传达出了我的身体感受（双手不知道放哪里好、后背冒冷汗）和心理感受（难受极了），这种描述能够更快地带入观众的情感，让他们产生类似的感觉。

4. 嗅觉

嗅觉可以营造氛围，使故事更加生动，使观众身临其境。例如，我们可以这样说："我驱车到郊区游玩，走到半路，忽然闻到一股花香，转头一看，原来马路边是薰衣草种植基地。"

5. 味觉

你在观看美食节目时，是不是有过流口水的冲动？这是因为美食节目调动了你的味觉，让你产生了这样的感受。因此，我们在讲故事时也可以描述食物在嘴里的味道、口感，以引起观众的兴趣。

例如，我们可以这样说："我向大家推荐的这款草莓蛋糕，一口吃下去，首先能感受到松软的奶油口感，接着可以品尝到一股浓浓的芝士味道，最后还混合着酸甜的草莓的清香。甜而不腻，满满的幸福感！"

演讲者用五感法讲故事，通过描绘故事细节，可以将故事转化为一部"3D 电影"，让听众不仅能看到，还能听到、感受到、闻到、尝到。这样观众随着故事情节的变化会产生更多难忘的感受，从而与演讲者产生共鸣。

9.6　领导者是会销售故事的人

某手机品牌每次开发布会，其创始人都会发表演讲，除了对企业的发展历程进行回顾，他还会亲自介绍新产品的设计理念、功能、性能、价格等，引起万千粉丝的欢呼。为什么在企业如此成功之后，其创始人还是会亲自向观众介绍新产品？原因就在于企业领导者是最适合为企业站台的人，他们对新产品的讲解更具有说服力。

商业演讲除了销售产品这个目的，还有一个常见的目的就是打造企业品牌。如果企业领导者能够走到前台，向观众描述企业愿景，讲解企业产品，观众就可以更加了解企业、认可企业，同时也会更加相信这个企业的产品。

为了让品牌的形象更加立体，企业领导者需要讲好愿景和梦想的故事，以便让观众能够从故事中更好地理解品牌理念，从而更加认可该品牌。

我有一个私教学员，她是一家幼儿乐器教学机构的董事长，之前做过 17 年的音乐品牌 OEM（Original Equipment Manufacturing，原始设备制造）商，每次招商会上她都会将自己创业的初衷讲述给听众和团队。

她说："你们是不是很好奇，为什么我要开创音乐教育品牌？2020 年，我决定开创儿童音乐教育品牌源于我与两个英国女孩的故事。我非常清晰地记得在 2016 年，我们工厂来了一位英国客户，他带来了两个女孩（一个 4 岁，一个 6 岁），她们能随意拿起展厅的乐器演奏，那个样子非常自信、非常快乐，这个场景深深留在我的脑海里，触动了我的心灵。

"我们生产乐器 17 年，之前往往重点关注乐器的质量、种类等，却没有重视音乐教育。而音乐是具有教育作用的，能够帮助孩子建立更加健全的人格。看到那两个孩子，看到音乐对孩子的影响后，我猛然意识到，我们不能只生产乐器，还要提供好的音乐教育，让更多的孩子在音乐学习中成长。正因为如此，我们创立了音乐教育品牌，让孩子在学习音乐的同时也能够提高音乐素养。"

这个愿景故事对现场观众产生了非常大的触动，招商会的反响很好，团队备受鼓舞。公司还将故事制作成了宣传视频。对公司来说，富含领导者强大愿景的使命故事具有更强的影响力，短短 2 年时间，公司从零起步签约了约 2000 家合作园所、100 多家代理商，成为行业标杆。

领导者讲好愿景和梦想的故事可以使品牌形象更加饱满、立体。观众更希望和一位有初心、有梦想、有使命，想要真心做实事的人成交，而不希望和一位只向钱看齐的人成交。

9.7 利用成功客户案例引爆成交力

如果要大幅度提高成交量，我们可以在演讲时讲两三个过往客户成功改变现状的故事。这是在用第三方的故事来佐证我们的产品质量，比我们自夸 100 句更有说服力。房产经纪人小薛就在房产推介会上与想要买房的客户讲了几个过往成交的故事，从而成功提高了成交量。

她对经济实力强、生活品位高的客户这样说："王先生，您看您做生意这么厉害，肯定不缺房子住，是吧？您想要的一定是一套适合生活、居住的好房子。拿我以前那位客户来说吧,他也是做生意的,在本地至少有三套房子,根本不缺房子住。但是那位客户跟我说'我是不缺房子的,我就想买一套适合生活的房子,而不是孤零零的两道墙。我之所以在你们这儿买房子,就是看上了你们的社区氛围、绿化环境,还有你们的音乐广场'。

"所以说啊,王先生,如果您想要一套适合居住、生活的好房子,咱们小区再合适不过了。您想想,每天傍晚与家人一起在小区里散散步,看看咱们的音乐喷泉,还可以随处听到优美的音乐,小区里的坡地景观更是专门为您打造的。这样的生活多么惬意啊!我相信您今天要是听了我的话把房子定下来,以后一定会感谢我的。"

她对经济实力有限、"贪便宜"的客户这样说:"杨太太,我知道咱们这房子确实不便宜。但是,咱们买房子也不能只看价格,您说是不是?您得看看咱们的房子值不值这么多钱啊。"

她对嫌房价高、犹豫不决的客户这样说:"刘哥,别犹豫了。我之前一位客户,就看好我们这儿的房子了。楼层、价格啥的都跟他说了,可他就是不定,总是不敢出手,害怕买贵了。隔三岔五就过来看看他看好的房子,非得等我们这里降价。刘哥,您说,这房子可能等两天就降价吗?

"结果有一天,我休息了,下午那房子就让我同事卖给别人了。那位客户得知消息后气冲冲地赶过来质问我,埋怨我不给他留房子。您说我冤不冤啊?最后,他老婆孩子都怪他没有把握机会,没办法,他只好定了套别的。要我说啊,刘哥,您看好房子就千万不要犹豫。不然等到房子没了,您该跟我那位客户一样后悔了。"

她对重视教育问题的客户这样说:"李太太,我知道您重视孩子的教育问题。咱们这是学区房,周围有两个区级重点中学。而且教育不仅仅是校园里的教育，成长环境在很大程度上也起着教育的作用。我有一位客户是一名退休教师，他买房是专门冲着我们这种人文社区来的。您想呀，如果您的孩子住在咱们小区里，接触的都是高素质人群，孩子的成长也会受到熏陶。"

好的故事案例有时能够胜过华丽的语言，我们讲述案例的目的是为客户提供产品参考，调动客户情绪，使客户产生情感共鸣，从而尽早成交。

9.8　解读俞敏洪演讲中的技巧

新东方创始人俞敏洪除了是一位成功的企业家，还是一位优秀的演讲者，他的许多演讲都座无虚席，一些演讲中的金句更是被广泛传播。

下面我们就来拆解俞敏洪的演讲片段，来看看演讲高手是如何炼成的。

（1）"不是你能不能演讲，不是你有没有演讲才能，而是你敢不敢站到这个舞台上来。"（联系）

（2）"曾经有这么一个男孩，在大学整整四年没有谈过一次恋爱。"（故事）

（3）"你居然敢追我，真是癞蛤蟆想吃天鹅肉！"（解释）

（4）"我从北大辞职出来以后，拎着糨糊桶，专门到北大里面去贴小广告。"（故事）

（5）"马云能成功，李彦宏能成功，马化腾能成功，俞敏洪能成功，你没有理由不成功。"（说服）

（6）"所以我希望同学们能够认真地想一下：我内心现在拥有什么样的恐惧？"（联系）

上述是一个 5 分钟演讲片段的拆解，可以看出，俞敏洪很会讲故事，每给出一个观点他都会穿插一个故事进行说明，在增加演讲趣味性的同时，也加强了与观众的联系。

1. 联系

在演讲开始时，俞敏洪开门见山地说出了观众关心的问题，即"为什么我会恐惧舞台"。这个举动其实是一个与观众建立联系、消除观众戒心的过程。在把一种思想植入他人内心之前，要先得到他人的允许，这样才能让他人消除戒备，接受我们的观点和思想。

我们可以采用以下 4 种方法加强与观众的联系。

（1）眼神交流，找到几张友善的面孔，保持微笑。

（2）制造笑点，与主题相关的趣闻逸事，让观众发出笑声。

（3）自我调侃，放下自我，分享自己的糗事。

（4）开门见山，说出观众关心的内容。

2. 故事

短短的 5 分钟，俞敏洪就插入了 3 段故事，这些故事与他自己的经历相关，更与观众的身份相符。故事的加入可以大大提升演讲内容的趣味性，激发观众的兴趣与好奇心，帮助观众理解我们的观点。

3. 解释

除了专业的学术报告会，我们在演讲时十分忌讳讲一些难以理解的抽象概念，也十分忌讳长篇大论地解释原因。我所知道的事在不知道这件事的人看来是什么样子的，我是难以想象的，所以演讲时要言简意赅、生动形象地去解释。俞敏洪为了解释故事中的主人公为什么在大学整整四年没有谈过一次恋爱，用了一个生动形象的比喻，"你居然敢追我，真是癞蛤蟆想吃天鹅肉！"这既解释了原因，又幽默诙谐，营造了现场气氛。

4. 说服

俞敏洪通过讲述其他人的成功案例，使听众受到了思想激励，进而使听众的行为产生了变化。

作为演讲者，我们要相信我们的故事可以转化为我们的影响力。俞敏洪就是因为能够在演讲中灵活运用故事，才使得自己的演讲座无虚席、为人称颂。

第 10 章
促成成交：触发行动，形成商业闭环

商业演讲的终极目标就是变现，因此成交环节是商业演讲必不可少的一部分。我们需要把握好客户成交的动机，烘托氛围、加入刺激，让成交环节成为整场演讲的高潮，从而提升成交力。

10.1 客户心理分析：把握客户想法，精准对接需求

商业演讲的观众同时也是客户。客户在什么时候会集中精神听讲？答案就是在听到他们的兴趣点，或者听到他们迫切需要解决但是未解决的问题的时候。因此，演讲者想要与客户成交，必须提前调动客户的兴趣，深入挖掘客户的痛点，明确他们想听的内容。

例如，在某小商品展销会上，一家纺织公司的负责人在成交环节先问了观众一个问题："现场有入睡困难的朋友请举手。"

这时基本上半数以上的观众举手了，接下来他继续说："超过一半的颈椎病是由于枕头不合适引起的。睡觉时枕头过高，相当于人体在睡眠过程中还处在被迫低头的状态，在工作'低头'8小时后，睡觉再'低头'8小时，一天中的16小时都在'低头'，颈椎超负荷工作，时间长了很多人都会患上肩颈疾病。另外一个问题就是，超过一年不更换的枕头里面真菌、螨虫的含量有可能已经大幅超标了，长期枕这样的枕头，可能引发过敏性鼻炎、皮疹或其他呼吸道疾病。"

这时台下的观众纷纷放下手机，将注意力集中到这位负责人的身上。于是，这位负责人开始顺势介绍自家的产品。他说："我们公司生产的这款枕头的外形采用了人体力学的设计理念，在人体头部的位置设有凹槽，在人体颈部的位置则自然凸起，可以完美适应

人体的弧线，自然贴合。另外，枕头的高低在不影响健康的范围内是可以自由调节的，长期使用可护理颈椎，提高睡眠质量。

"而且该款枕头的内芯是纯天然的荞麦壳，荞麦壳松软、透气，还具有凉血、养生的功效，内芯填充的每一粒荞麦壳都经过精心筛选，颗大饱满，并且全部经过食品级的微波灭菌工序，不易滋生螨虫和真菌。"这位负责人讲完产品优势后，下面有一些性急的观众已经开始咨询价格了，但是有一些观众还在犹豫。

于是，这位负责人乘胜追击继续说："我们公司的这款枕头原价是599元，今天限时优惠300元，只要299元，而且前1000名预订的顾客限量加赠床品四件套一组，先到先得，售完即止。有人说一个枕头卖299元太贵了，其实不然，有了一个好枕头，我们就有了一个好睡眠；有了一个好睡眠，我们就拥有了健康的身体；有了健康的身体，我们的工作、学习、生活就会更加顺利。现在，朋友们，你们还觉得299元贵吗？

"而且，我们这299元的价格，只在今天这个会场里有。出了这个门，您到商场的专柜去看一看，都是599元的价格，而且没有任何赠品。另外，我在这里承诺，我们的枕头可以在30天内包退换，今天您把枕头拿回去，不管是坏了还是枕着不舒服，您拿到我们线下的任何一家专柜都可以免费退换，绝对不会让您多花一分钱。"

这位负责人说完，现场的观众纷纷决定成交，产品也很快被抢购一空。这位负责人的演讲之所以能够获得成功，就是因为他把握住了观众的心理。一开始，他并没有直接介绍产品，而是提了一个问题，然后顺势将观众的睡眠问题与枕头关联起来，并深挖观众的痛点，从而引出枕头高度和卫生标准这两大问题。顺着这两大问题，这位负责人才开始介绍产品，但不是读产品说明书，而是着重说明产品是怎样解决上述两大问题的,言简意赅且直击核心问题。

在观众开始动摇后,这位负责人又乘胜追击,消除观众的疑虑。他首先给出了一个非常优惠的价格,并且增加了一个价值不菲的赠品,还用限时、限量、限人群的方法限制了观众决策的时间;其次将观众的健康与产品联系在一起,为观众购买产品提供了一个理由;最后给出了一个保底的承诺,即 30 天内免费退换,消除了观众购买产品的风险,一步一步激发了观众购买产品的热情。

作为商业演讲者,我们要清楚,我们成交的对象是人,只有把人性研究透彻,才能使成交过程更顺利。因此,演讲者要重视客户心理分析,精准对接客户需求。

10.2 结合场景:高价值的演讲现场气氛感

氛围可以影响情绪,而高昂的情绪可以提升客户的成交愿望。如何营造现场气氛,让我们的演讲更有价值呢?我主要总结了以下 3 种方式,如图 10-1 所示。

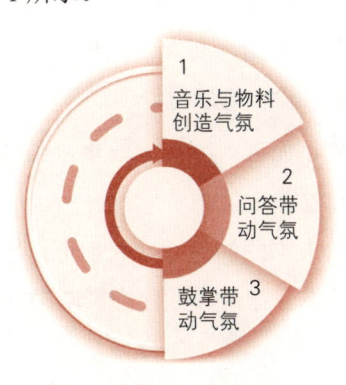

图 10-1 营造现场气氛的 3 种方式

1. 音乐与物料创造气氛

音乐是烘托氛围的利器，在适当的时候播放音乐可以将观众的情绪推到最高峰。例如，我们讲一个令人感动的故事，同时搭配舒缓的音乐，就可以惹得一些观众潸然泪下；我们讲一个励志的故事，同时搭配激昂的音乐，就可以让一些观众热血沸腾。

为了使观众沉浸在氛围中，我们还要注意现场的物料布置。现场的物料，比如海报、陈设、易拉宝、活动宣传板的内容、颜色等一定要与演讲主题统一。

下面介绍几种常用颜色代表的情绪特征。

红色象征着热情、活泼、张扬、吉祥、乐观、喜庆，给人热情、积极的感觉。

橙色象征着快乐、能量、社交、友好、温暖、阳光，给人温柔细腻、有生命力的感觉。

绿色象征着自然、富足、鲜活、生命、和谐、环境、新生、成长，会让人感受到生机，通常被认为是象征内心平静的颜色。

蓝色象征着保守、稳重、可靠、诚信、平静、安全、酷，是最流行的企业颜色，会让人产生信任感。

紫色象征着可爱、梦幻、高贵、优雅、灵动，有高贵、典雅的寓意。淡紫色可以给人愉快的感觉。

白色象征着清爽、无瑕、冰雪、简单、圣洁，大面积的白色会有壮大之感，给人包容的感觉。

不同的颜色会给人不同的感觉，我们可以用不同的颜色来表现演讲主题和自己的状态，在潜移默化中影响观众。

2. 问答带动气氛

有些演讲高手的演讲现场气氛特别好,观众听得特别舒服,又是鼓掌,又是起立,听完之后,还纷纷觉得自己的收获很大。那么演讲高手是如何做到的?

仔细观察就可以发现他们有一个共同点,就是非常善于和观众互动。

这些演讲高手几乎一直在问观众问题,但是这些问题的答案都非常简单,几乎只有"是"或"不是"。

例如,我在做专业商业引荐系统(Business Network International,BNI)说明时,常和观众这样互动:"现场创业超过3年的老板请举手。您有没有发现贵公司的客户中有超过50%的业务是老客户转介绍过来的?有的请您举手。《哈佛商业周刊》曾对3万名创业者做过调查,事实上,3年以上的企业,其90%的业务是老客户转介绍过来的,老客户转介绍是成本最低且最有效的获客方式。但是非常可惜,只有3%的创业者会使用专业的转介绍工具来有效增长业务。您是不是想知道其中最有效的方法是什么?接下来,您的掌声越热烈我就为您分享的越多。"

这些问题都是封闭式的,没有留给观众思考其他可能性的机会。当我们引导观众说3次以上"是"时,观众就会非常同意我们的观点了,因为说"是"是有惯性的。这时我们再抛出其他主题或观点,观众大概率也会认可。想与观众成交,需要得到观众绝对的信任,而这种问答方式可以提升观众的信任度,同时让观众对演讲主题充满期待。

3. 鼓掌带动气氛

不管是什么会议现场，掌声雷动都会营造出一种热闹的气氛。那么如何引导观众鼓掌呢？

1）赞美鼓掌法

赞美鼓掌法需要演讲者首先找到赞美观众的地方，然后由此入手引导观众鼓掌。例如，我们可以说："今天本来是休息日，但是看到这么多张求知若渴、热情洋溢的脸，我非常高兴。当别人在休息时，大家选择到这里学习，真是太棒了，请把掌声送给自己！"

2）激励鼓掌法

激励鼓掌法是指通过激励式语言引导观众鼓掌，这种方法可以很好地引起观众的兴趣，提升观众的热情和积极性，使其自动、自愿地鼓掌。例如，我们可以说："今天我要和大家分享我潜心研究的成果，想要全部学到的请鼓掌示意我。"

3）借口鼓掌法

借口鼓掌法的核心是为鼓掌找一个借口，比较简单的就是"此处应该有掌声"。当鼓掌有了借口之后，观众就会为演讲者鼓掌。例如，我们可以说："生命中并不缺少美，而是缺少大家的掌声，对吗？"

4）幽默鼓掌法

幽默的演讲者更有亲切感，更受观众的欢迎，能让现场的气氛瞬间轻松起来，使观众心情放松。因此，在与观众互动时，我们可以使用幽默鼓掌法。例如，我们可以说："伸出你的金掌、银掌、铁掌、铜掌，然后大力鼓掌。"

观众鼓掌可以瞬间制造出热烈的现场气氛，而且观众鼓掌也是对演讲内容的认可，这种认可的情绪会随着掌声传递给其他观众，使演讲现场的气氛更加活跃。

10.3 加入刺激：限时促销、限量促销、限人群促销

我们在最后成交时，特别是在成交一些价格比较高的产品时，经常会遇到犹豫不决的客户。那么如何消除他们的犹豫，加快他们的成交速度呢？答案就是，限时促销、限量促销、限人群促销，缩短他们的决策时间，从而让他们快速成交。

为什么客户下单时会犹豫？因为他们觉得在当时的环境下自己还有时间思考，即使晚一些做决定也不会有任何损失。所以，我们在演讲时就要告诉观众/客户："你现在已经没有时间了，如果不马上做出决定，你将会面临巨大的损失。"

1. 限时促销

限时促销是指在特定的时间内降低商品的价格，以特定时间段内的超低价位吸引客户的注意力，并促使客户购买商品的促销方式。

例如，"1小时内下单，立减100元""前10分钟内付完尾款，立即返还200元现金优惠券"等都是典型的限时促销方式。

为了激发客户的购物热情，我们在使用这一方式时要适当加大商品的优惠力度，比如原价或9折的商品，在限时促销中可以将其价格降到7折，促使客户下单。

除此之外，我们还可以采取倒计时法营造紧张气氛。例如，先播放一些烘托紧张气氛的音乐，然后告诉现场客户："还有10秒

钟，本次限时促销就会结束，优惠产品就会下架，所以不想错过优惠的客户一定要立刻下单！"接着开始倒计时，10 秒钟后将产品下架。

这里需要注意的是，说好 10 秒钟下架就要 10 秒钟下架，要让客户相信活动的真实性。如果 10 秒钟后还能出售，客户就不会拿我们的限时促销当一回事，他们会觉得这种优惠随时都有，自然也不会急着与我们成交。

2. 限量促销

限量促销的目的是打消客户下单前的疑虑，减少客户犹豫的时间，使客户当机立断，迅速下单。

这种方法利用了人们"物以稀为贵"的心态，在生活中的例子比比皆是。例如，一些限量发售的服装、球鞋、游戏机等，尽管价格不菲，但是上线后依然会一秒售罄。有些不再发售的产品，甚至会在二手市场被炒出高于原价两三倍的价格。

这实际上是心理学中的稀缺效应，即人们对世界上稀少的事物普遍怀有强烈的拥有欲望，东西越稀少，人们想要获得的欲望就越强烈。同理，客户在购买商品时，也会被稀少的数量激起强烈的购买欲。因此，在成交环节，**我们可以打出"限量特价"的口号来吸引客户，营造一种商品稀缺的氛围，刺激客户购买商品。**

除此之外，在限量促销中，我们还可以加入场景互动，比如唱单环节。当某位客户购买产品后，我们可以说："恭喜小张抢到第 1 单！恭喜小李抢到第 2 单！现在库存还剩 15 单！恭喜小王抢到第 3 单，现在还剩 14 单！"

唱单环节通常是重复进行的，可以过一段时间就唱一次单，也可以请买过产品的老客户谈一谈使用体验。心理距离的拉近也有助于订单的成交。

3. 限人群促销

限人群促销是指限制购买人群或人数，以此营造一种差异化的身份感，提高产品在客户心中的价值。

例如，"仅限会员购买"或"前 1000 名客户可以获得 5 折优惠"都属于限制人群的优惠促销活动。如果一款产品不是所有人都能轻易得到的，那么人们就会自动将其归入"珍贵、稀有"的类别中。得到它的客户会产生更尊贵的身份感，而未得到它的客户会产生强烈的想得到它的欲望，从而为产品营造出一种哄抢一空的氛围。

在成交现场加入刺激性环节非常重要，不仅可以缩短客户决策的时间，还可以带动现场气氛，使更多客户受到氛围的影响而成交。

10.4 销售演讲成交构架

要想在销售演讲中促成成交，我们需要抓住观众也就是客户的兴趣点，说客户想要了解的，时时围绕客户展开，以提升现场客户的产品购买欲望。作为演讲者，我们在销售演讲中主要起主导作用。

10.4.1 介绍产品的重点内容

我们需要说客户感兴趣的内容，而不是自己感兴趣的内容。例如，如果我们想推销一款产品，就必须抓住客户的需求，重点介绍客户想要了解的内容。以美妆产品为例，在介绍产品时，我们可以重点介绍产品的以下 6 个方面，如图 10-2 所示。

```
品牌故事  1
         2  产品成分
产品功效  3
         4  产品展示
使用感受  5
         6  同类产品对比
```

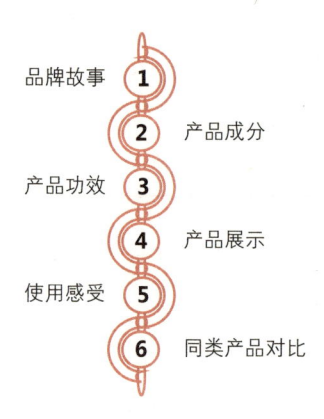

图 10-2　介绍产品的重点内容

1. 品牌故事

我们可以和客户分享品牌创立及其发展历程中有意义的事件，分享一些经典的品牌故事。这样可以在彰显品牌理念的同时增强客户对品牌的认知。

2. 产品成分

消费者对产品成分的关注度越来越高，越来越关心产品的成分究竟是什么、是否对身体有害等。同时，消费者也愿意为含有某种成分的产品买单，比如含有氨基酸的洗面奶、含有维生素 B 的舒缓修复乳液等。因此，我们在介绍产品时需要详细讲明产品的成分，表明产品中不含有害成分并讲明产品所含特殊成分的功效等。

3. 产品功效

很多演讲者在介绍美妆产品时都会重点介绍产品的功效，这也是消费者非常关注的一个方面。我们要依据自己的使用感受如实地讲解产品的功效，不可以夸大产品的功效，更不能进行虚假宣传。

4. 产品展示

在进行产品展示时，我们可以围绕产品讲解多方面的知识，比如产品外观设计、使用技巧、使用效果展示等。

（1）产品外观设计：介绍产品的设计特点和设计优势。

（2）使用技巧：在演讲中试用产品以展示产品的使用技巧，也可以进一步展示该产品与其他产品搭配使用的技巧等。

（3）使用效果展示：展示产品的使用效果，使客户明确地了解产品的使用效果。

5. 使用感受

我们可以从使用前皮肤是什么状态，使用后皮肤状态的变化等方面讲解产品的使用感受。

6. 同类产品对比

首先，我们可以选择一些其他同类产品，分析它们的不同之处，从而显示该产品的优势。在展示产品时，演讲者需要从客户的需求出发，详细地为客户介绍产品外观设计、产品成分、产品功效等多方面的优势。只有让客户充分了解了产品的优势，才能够激发客户的购买热情，从而提高产品的销量。

其次，我们要以强调产品的优点和优惠为主，而不要一味地罗列产品特点。在展示产品的过程中，我们需要放大产品的优点和优惠，塑造出产品的高性价比，激发客户的购买热情。产品的优点和产品的优惠是塑造产品高性价比的两个方面，我们要对这两个方面做重点介绍。

以销售服装为例,在单品介绍环节,我们可以对每件服装的外观、材质、式样、尺码、着装场景等进行 5 分钟左右的介绍。在展示服装环节,我们可以对该款式的外观进行详细描述,以便放大产品优点,强化客户的记忆。例如,我们可以说:"这件裙子,两边是收腰的,袖口带有波浪式荷叶边,款式十分新颖。"

形象化的产品解说能够让客户进一步了解产品的特征和细节。 在试穿服装的时候,我们需要说明服装的材质、服装适合的体形和适合穿着的场景等。例如,我们可以说:"我现在穿的这套工装裙是羊毛针织裙,同时又是灯绒袖,这样的款式适合多种体形,非常适合上班时穿搭。"

10.4.2 塑造产品的高性价比

如何塑造产品的高性价比?这需要我们做好以下 3 个工作,如图 10-3 所示。

- 多次提醒产品优惠
- 充分展示产品细节
- 强调产品的卖点

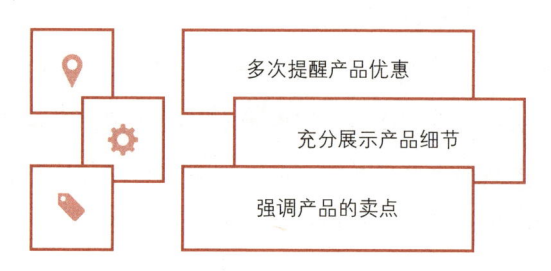

图 10-3 塑造产品高性价比需要做好的 3 个工作

1. 多次提醒产品优惠

产品的优点能够展示产品的价值,而产品的优惠能够塑造产品的高性价比。因此，在演讲过程中，我们需要经常提醒客户购买产品所能享受的优惠，比如"现在下单享9折优惠""本件产品8折促销"等。多次提醒产品优惠能够强化客户对产品高性价比的认知，从而刺激客户的购买热情。

2. 充分展示产品细节

很多演讲者在展示产品时都会让产品贴近镜头，向客户展示产品的花色、纹理、质感等细节。作为演讲者的我们还可以对着镜头摸一下衣料的质感，用指甲轻划一下皮具等，展示产品有非常好的手感和质感。另外，我们还可以适时展示产品的生产细节。例如，我们可以说："这个裙子的镂空做得十分精致，同时裙摆的荷叶边更显俏皮。"这种细节的展示能够强化客户对产品优点的认知，有利于激发客户的购买热情。

3. 强调产品的卖点

在推荐产品时，我们可以将重点放在产品的卖点上，比如产品的款式、材质、服务等。例如，我们可以说："这款包是PVC材质的，耐磨且防水，性价比十分高。"我们还可以将产品与其他品牌的同类产品进行对比，以此体现产品的性价比或者产品在其他方面的优势。

多次提醒产品优惠、充分展示产品细节、强调产品的卖点等都能够彰显产品在价格、质量及特色方面的优势，我们应以此强化客户对产品高性价比的认知，激发客户的购买热情。

想要在演讲现场激发观众对产品的兴趣和购买欲望，我们可以按照上述的销售演讲成交构架来设计销售思路，提升现场成交量。

第 11 章
私域运营：
挖掘客户的终身价值

　　演讲的时间虽然有限，但是我们与客户的沟通在散场之后仍然可以继续。如今，从公域途径获取流量越来越困难，如果我们能将意向客户引流到社群，就可以汇聚一批优质流量。通过对这些客户进行运营，我们可以提升客户黏性，挖掘客户的终身价值。

11.1 搭建社群，循环利用流量

搭建社群是私域运营的重要途径，社群的建立能够维护粉丝、实现流量的反复利用。有了众多的忠实、活跃的粉丝，演讲者和其产品才能够获取更多的流量。

11.1.1 社群定位

搭建社群的关键有两点：一是定位，二是打标签。在建立社群时，作为演讲者，我们首先要根据社群的差异性进行社群定位，确保社群内容与产品及粉丝密切相关。以直播为例，这种差异性主要体现在以下 3 点。

1. 主播背景

直播也是演讲，主播也是演讲者，主播的职业背景、个人经历等都是形成社群差异性的关键因素。通过对这些内容的分析，主播可以清楚地了解自己的优势在哪里、自己所能吸引的粉丝的类型、自己需要靠什么吸引粉丝等。

2. 社群内容

内容是社群定位的核心，主播要根据推销的产品确定社群内容。例如，销售美妆产品的主播除了在社群中发布直播信息、产品信息和产品优惠，还可以在社群中分享一些化妆、护肤的知识。主播也可以通过与同类社群的对比完善社群内容的风格，比如在分享美妆知识时，可以通过漫画的形式诙谐地展现一些美妆误区，以吸引更多的粉丝阅读。

3. 社群粉丝

主播可以从两个方面入手分析社群粉丝。一是目标粉丝，主播所销售的产品决定了社群的目标粉丝，所有对产品有需求的粉丝都是社群的目标粉丝。二是粉丝结构，主播要分析社群中有哪些类型的粉丝，准确分析粉丝的结构类型对于维护社群和扩展社群规模都能起到重要作用。

11.1.2　社群标签

社群标签能够明确社群定位及社群的目标粉丝群体。在做好社群定位后，我们需要给社群打上合适的标签。例如，我们为社群打造了"职场穿搭"的标签，那么其目标粉丝就是职场人士。在建立社群之初，我们可能不知道如何选择社群标签，无法精准定位社群标签。我们可以从以下 3 个方面入手为社群打造合适的标签。

1. 易辨识

易辨识指社群标签要清晰明确，避免语义不明。例如，"高端"这个词就非常模糊，什么是"高端"、哪些人才算得上"高端"，并没有一个明确的衡量标准。相比之下，"职场形象打造""运动风"等标签更清晰明确。

2. 满足粉丝需求

能够满足粉丝需求的社群标签更具有吸引力。例如，我们可以为社群打造"微胖女生穿搭""小个子女生搭配"等标签。服装难搭配是许多微胖女生或小个子女生的困扰，而这样的社群标签能够直击她们的痛点，满足她们对服装搭配的需求，吸引她们加入社群。

3. 社群标签要和产品相匹配

产品是社群内容的主体，社群标签要和产品相匹配。我们可以以产品为出发点，为社群打造"汉服女装""动漫周边"等标签。

我们在打造好社群标签后，除了要在社群中发布与标签相关的内容，在开展线上及线下社群活动、产品宣传、社群推广等方面，也应该与社群标签统一。

11.2 社群引流，建立私域流量池

私域流量是相对于公域流量而言的，相对于任何人都可以抢夺观众的公域流量池，私域流量池是属于自己的。在自己搭建的私域流量池中，我们无须付费就可以反复触达自己的客户，最终实现变现。

很多人在做演讲的时候缺乏收尾行动，这就浪费了自己的精彩演讲。什么是收尾行动？因为商业演讲的最终结果是转化变现，所以商业演讲的最后一定要有一个商业合作的入口，而不是只在最后一页PPT上写着"谢谢各位的聆听"。即使不做现场销售，我们

也要放一张社群二维码或公众号的链接,从而将意向客户聚集在一起,建立私域流量池。例如,我每次演讲都会在PPT的显眼位置放上我的公众号"CEO演讲教练成晓红"的二维码和我的微信号"sellinacheng",我的很多订阅粉丝和客户都是通过二维码和微信号找到我的。

首先,社群的主题决定社群中传播的内容,细化社群的主题能够垂直打造私域流量闭环。其次,我们要通过一系列手段激活粉丝,使社群具备持久的生命力。最后,在打造成熟的社群的同时,我们还要让老粉丝吸引新粉丝加入社群,实现社群的裂变。

当我们想要成立自己的社群时,需要规划社群的运营机制并明确社群能够为成员带来哪些价值。 对客户来说,他们进入社群的目的一定是想要满足一些需求。

社群引流的目标无非是提升演讲者知名度、刺激产品销售、增强客户黏性等。但是在不同时期,这些目标的侧重点各有不同。例如,在创建初期,社群主要是为了提升演讲者的知名度;而在创建后期,社群主要是为了增强客户与演讲者之间的黏性,促进二次消费。

我们要明确社群的生命周期,明确自己建立社群的初衷。那么,社群运营的生命周期一般是多久呢?**免费社群的生命周期为1~3个月,付费社群的生命周期为0~6个月,最长不要超过1年。**

免费社群一般是为短期的目标而建立的,比如限时优惠、资源分享等。在目标实现后,这种社群的价值就不存在了,所以这种类型的社群在后期几乎没有活跃度,也就没有维护的必要。

付费社群的价值比较高,里面主要是一些购买长期服务或产品的客户，所以我们要注意这种社群的日常维护，包括做好内容输出和纪律管理等。同时，我们应当控制社群的规模，并适当选取几名粉丝代表参与社群的运营管理。这样做一方面是为了避免社群规模过大、出现粉丝小团体从而导致各种问题发生；另一方面则是通过选取粉丝代表增强我们与粉丝之间的联系，使粉丝产生归属感和荣誉感。

引导客户加入社群可以更好地提升客户黏性，拉近我们和客户之间的距离。更重要的是，社群还能够实现流量的二次利用，有了众多的忠实、活跃的客户，成交才能变得更加容易。

11.3 完善架构，维护社群平稳运行

客户加入社群后，如果发现社群管理一团糟，甚至不知道每个板块的负责人是谁，不知道自己的问题该找谁解决，就会很快对社群失去耐心，甚至会退出社群。长此以往，这个社群的价值就会大打折扣，其发展也会举步维艰。

相反，如果社群分工明确、秩序井然，客户自然会产生互动和参与的欲望，同时帮助社群传递好口碑，帮助演讲者搭建品牌。

因此，**社群的团队划分和职责分配很重要，它可以维系社群的基本运作，并推动其不断迭代发展**。社群运营团队一般可以分为3个级别，即核心团队、运营团队、具体管理团队。

1. 核心团队

核心团队成员是社群的发起者、组织者，把握着社群的发展方

向、运营模式等。他们负责提出团队的重要决策，人数一般不多，但都是绝对的核心人员。如果演讲者所在的公司规模小，这个核心团队可能只有发起人一个人。

2. 运营团队

运营团队成员是各个分群的管理者，负责提出建议、反馈意见、辅助策划方案，并落实到自己管理的分群。他们是核心的活跃成员，对社群成员有很大的影响力。

3. 具体管理团队

具体管理团队成员负责自己所在群内的日常管理，通常要明确到某个人做的具体事项并明确完成的时限。以微信社群为例，具体管理团队可以安排以下 4 种角色。

1）群助理

群助理负责每天发布和传达群内信息，带头签到，以自己的行动影响其他社群成员；还要负责统计签到的总人数和社群成员的任务积分，将这些数据绘制成表格并及时在群里公示。

2）学习委员

学习委员负责提醒每天的学习内容，或者举办活动的时间；在每日课程结束后组织大家讨论，为社群成员答疑解惑；及时整理行业资讯并发到群里。

3）财务人员

财务人员负责管理社群的所有收支工作，包括收取活动经费、会员会费及记录各种收支数据等。

4）纪律委员

纪律委员主要负责维护群内秩序。例如，群内出现发广告、传播不良信息、违规交易等问题，纪律委员要出面制止，及时清退相关人员。

团队成员的分工基于成员各自的特点，但是分工并非一成不变，而是要根据分派的任务、社群的发展阶段和外部经济政策等环境的变化进行调整。

如果是已经发展成规模的社群，每个岗位的职责、薪酬、考核标准、奖罚机制等必须明确，要做到责任到人、奖惩分明。

如果是处于初级阶段或者千人以下的社群，内部的职位划分无须太详细，可以一个人身兼数职，并招募社群积极分子为志愿者参与社群管理。这样既能提升这些成员的参与感与归属感，又能完善社群的组织形式，还能极大地节省开支。

因此，团队成员之间除了要有合理分工，还要具备彼此互助成长的风气。如果管理团队是具有自愿性质的，那么成员往往更能发挥各自的专业知识和技能特长。不同专业、不同视角的社群成员之间相互磨合，能够成就社群管理团队的特色。这样的管理团队不仅能够管理好社群，还能为社群创造进步的机会。

11.4　塑造文化，产生归属感

我们在建立一个社群时，最重要的事情就是想清楚这个社群是为什么而搭建的。社群的实质是将大家聚集到一起做一件事，所以，社群的建立需要一个初始的理由，也就是初衷。我们需要将这个理由塑造成人人认可的社群文化，让社群成员心甘情愿地聚集起来。

社群文化有助于强化社群的凝聚力和内容输出能力，需要用心经营。如果只顾追逐利益，那么随着时间的推移，社群文化就会消失，社群就会失去凝聚力和内容输出能力。

1. 营造氛围以建立群体共识

社群是基于成员的共性建立的，但是共性仅限于吸引成员入群，不能帮助社群长久地留住成员。在成员入群后，我们要建立群体共识，生成"我们是一个整体"的概念，形成独特的社群氛围。在举办线上或线下活动时，良好的社群氛围能有效带动成员的参与热情。

2. 提供多层级的内容消费

社群运营一段时间后会形成一个相对稳定的文化环境，这种成熟、稳定的文化环境会在无意间抬高入群的门槛，导致社群很难吸纳新成员，或者新成员即使入群也无法融入现有的社群文化环境。因此，我们要为社群设置多层级的内容消费，帮助新成员找到自己的位置。这种多层级的内容消费既为新成员提供了成长空间，让他们逐渐适应社群文化，又可以让社群文化进入良性循环，从而保持社群的持久运转。

3. 保持内容的初衷路线

随着社群规模的扩大，成员也会不断增加，难免会有一些"外界人士"混入其中。如果这时运营者为了盈利而放弃了建群的初衷，就会使社群质量由优转劣，破坏社群文化。例如，某读书社群主营知识分享输出，但是在扩张时混入了一些"外界人士"，这些人分享了大量与知识分享无关的内容，破坏了社群的文化氛围，使社群认同度降低，导致许多老成员相继退出。

因此，我们应该在运营过程中坚持初衷，把控好内容走向，不要因为眼前的利益而偏离最初的运营路线，以免社群口碑受损，甚至分崩离析。

11.5 提供价值，持续输出优质内容

内容是社群的核心。首先，我们要根据社群主题确定社群内容，比如售卖课程的我们通常会建立一个"答疑解惑群"，我们除了可以在社群中预告直播时间、发放优惠券和简单介绍课程内容，还可以在社群中分享与课程相关的知识和学习技巧，让粉丝感到加入社群能获取更多有价值的内容。其次，我们要保证内容输出的持续性，持续性的内容输出能够更好地增强群成员的黏性。

1. 提供优质内容

当粉丝进入社群这个私域流量池后，我们要根据社群的主题有针对性地为他们推荐个性化的内容。一些社群主要以闲聊、发红包为主，基本没有互动活动，这样的社群没有太大意义，也产生不了价值，因此不值得人们耗费精力。这也是很多伪社群刚开始一派红火，后期却越来越冷清的原因。对于需要维护的社群，我们需要持续为社群成员提供高价值的内容，即有趣、有料、有味道的内容。

1）有趣

这里的"有趣"偏向于社群的总体基调，相比死板严肃的教科书式的说教，大家还是更喜欢诙谐幽默的调侃。这也是社群的定位

基调之一。

2）有料

粉丝加入社群是希望能够从中获得福利、学到知识，我们需要满足粉丝的这些需求。在社群中输出有价值的内容才能够使粉丝意识到社群的价值，才能够吸引和留住粉丝。我们在社群中发布内容时，需要以产品为中心，同时也要满足粉丝的需求。例如，你推销的产品是女装，就可以输出一些服装搭配、饰品搭配方面的"干货"给粉丝。

3）有味道

"味道"指的是社群文化深度，这也是区别优质社群和一般社群的重要标准。 在有深度的社群中，成员能够通过社群提供的内容看到深层次的东西，从而受到启发，思考问题。

能够做到以上3点的社群才是真正有价值的社群。为社群成员提供有趣、有料、有味道的优质内容是社群存在的基本意义，我们要以此为切入点吸引那些潜在客户加入社群，这也是社群运营的目标之一。

罗振宇在《罗辑思维》一书中将其口号定为"有种、有趣、有料"，旨在做大家"身边的读书人"，以"爱智求真"的价值观引导当下年轻人。事实上，罗辑思维也获得了相当不错的商业收益，在2015年完成B轮融资后，罗辑思维估值13.2亿元人民币，同期，罗辑思维视频节目播放量超过2.9亿人次，微信订阅号用户突破530万人。

从罗辑思维的成功可以看出，社群运营能否成功，关键的一点就是社群能否为用户提供价值。只有社群内容满足"有趣""有料""有味道"3个特征,才能打造真正有价值的社群,留住客户、加速成交。

2. 持续输出内容

美国芝加哥投资机构——消费者情报研究合作伙伴(CIRP)的研究报告显示,使用亚马逊会员服务越久,用户越倾向于选择续订服务。也就是说,用户使用时间越长,用户留存率越高。这显然是亚马逊愿意看到的结果,也说明亚马逊作为电商巨头,在用户心中具有较高的认可度。

亚马逊之所以能够实现较高的用户留存率,除了保持优秀的服务质量,更重要的是能够抓住用户的心,驱动用户选择续订服务。

社群运营也有相似之处。用户留存率折射出社群运营质量的高低,而影响用户留存率的三大因素之一就是社群是否有持续的价值输出,也就是说,社群是否能够为社群成员持续补充新鲜的内容。

例如,用户加入付费社群后,过了一段时间就退出了,说明社群没有真正留下该成员,导致了用户资源的流失。最直接的应对方法就是让用户感受到社群的价值,这样他们才会留下来,成为社群的私域流量。具体来说,我们可以将影响用户留存率的因素进行细分,制订具体的实施计划以减少用户流失。

以App为例,一款新的App在发行之后,用户留存率在一周之内会呈现剧烈的下滑趋势,有的用户可能根本没有打开该App,或者是只用了一次该App,就将它卸载了。

接下来进入分岔路口,大部分用户会面临留下或离开的选择,因为随着用户对该App功能的探索,会确定该App是否真正符合自己的需求，如果符合则会选择继续使用，如果不符合则会选择离开。

走过了分岔路口，用户留存率的变化会逐渐进入比较平稳的阶段，深度用户会成为该 App 的粉丝，甚至是忠实粉丝，"僵尸用户"会搁置或者直接卸载该 App。

同样，用户留存率的变化也适用于社群运营，特别是最初一周的用户留存率变化可以说非常接近。所以，我们要做好跟踪用户留存率的工作。例如，客户第一天加入社群，第二天就退出，或者一周以后退出，我们要针对流失的这部分成员进行深刻反思，了解他们为什么退出，以此来调整社群的运营策略。

留住社群成员的一个方法就是保证持续地输出价值，社群要不断为社群成员补充新鲜内容，从价值和内容方面征服他们，使他们产生依赖感，从而长久留在社群中，成为社群的私域流量。

怎样才能持续地输出价值呢？最简单的方法就是从时间和方式上为社群成员营造一种持续的感觉。例如，每天早上发布一些激励大家的问候语，每周分享一个专题内容，每月组织一次专家分享会等。

虽然说是持续输出，但是每次输出都要间隔一段时间，让社群成员有时间消化，否则信息太多会给社群成员造成压力，以至于疲于应付。例如，专家分享会的间隔时间如果太短，达到了两三日甚至一日一次，那么社群成员刚开始参会时也许会有兴趣，但是慢慢地就会产生厌烦心理，不可能实现场场爆满的效果。这样的活动是没有价值的，既无法提高用户留存率，也不能体现社群的价值。因此，社群内容输出的时间一定要既固定又有适宜的间隔。

11.6 增强互动，延续社群生命力

互动不是陪聊天，讲方法也讲策略。很多人认为私域运营就是首先加观众好友、把观众拉进社群，然后在社群里发广告、陪粉丝聊天，其实并不是这么简单。下面我为大家提供 3 个增强社群互动性的方法，如图 11-1 所示。

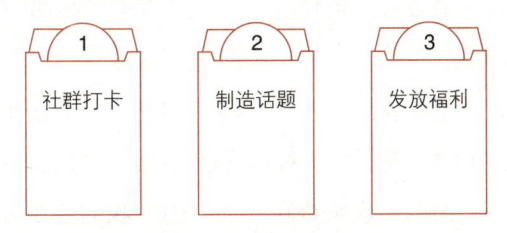

图 11-1 增强社群互动性的方法

1. 社群打卡

社群打卡是我们与粉丝和客户保持联络的方法之一，社群打卡环节能够提高社群成员的参与度。我们可以借助社群打卡工具为社群成员指定打卡目标，促使社群成员形成每日打卡的习惯，保持社群长期的活跃度。

2. 制造话题

社群成员常常会因为找不到可以探讨的话题而选择沉默，我们可以结合社群成员类型定期开展相关话题讨论。好的话题能够激发社群成员的兴趣，提升他们在社群中的参与度。我们可以从以下两个角度制造话题。

1）社群性质

从社群性质出发制造话题，能够在潜移默化中让粉丝改变自己的观念，从而更容易接受我们推销的产品。例如，你推销的是育儿产品，社群提供的内容就应与育儿知识相关。你在推出一款辅食产品之前，应先发文告诉粉丝喂食婴儿辅食的好处、什么时候为婴儿添加辅食、如何选择辅食等。这样一来，婴儿辅食就会引起粉丝的重视。当你后续销售婴儿辅食时，就会吸引更多粉丝购买。

2）粉丝兴趣

社群形成的基础就是粉丝的兴趣，因此，我们在制造话题的时候需要考虑粉丝的兴趣。粉丝对话题感兴趣，自然会积极参与讨论。

要想保证制造的话题符合粉丝的兴趣，我们就要对粉丝进行分析研究，包括粉丝的年龄层次、学历层次、所处的地域和所从事的行业等。在粉丝较多的情况下，我们无法保证制造的话题符合每一位粉丝的兴趣，但是至少要确保符合大多数粉丝的兴趣。

3. 发放福利

发放福利适用于高频、低价、高复购型品牌的社群运营，比如茶饮。这种类型的品牌在做运营的时候要采取"价值给予"的策略。客户进入社群之后能获得什么价值？对他们有什么实质的好处？在客户进群的第一刻，我们就要将进群后能获得的价值告诉他们，让他们了解进入社群能够享受到什么权利和福利。

客户进入社群最大的动力就是可以领取福利，因此我们要让客户顺利地领走福利，否则会影响社群的信誉。很多社群成员不会频繁地在社群中发言和交流，但是也不会退群，只会默默地等我们推送福利，默默地领取优惠券、折扣券。这样的交互形式使得社群更像是门店的福利领取中心,应保证客户能够高效、及时地获得福利。

11.7 活动刺激,增强客户黏性

我们可以根据用户爱好策划相关的社群活动。线上活动可以举办辩论赛、社群小游戏等,比较受欢迎的社群小游戏有看图猜物、真心话大冒险、谁是卧底等。线上活动有利于快速带动社群氛围,提升用户的归属感。线下活动可以举办见面会、派对等,相比于线上活动,<u>线下活动能够增强用户之间的了解和信任,巩固我们与用户之间的情感连接。</u>

我们可以举办一些线下活动来将粉丝聚集在一起,加强我们和粉丝、粉丝和粉丝之间的情感交流,面对面地了解粉丝的想法。这有利于我们维护粉丝、优化直播内容,拉近我们与粉丝之间的距离。我们在组织线下活动时,需要讲究方法和技巧。

<u>首先,我们要充分调动铁杆粉丝的积极性。</u>铁杆粉丝虽然数量较少,但是他们能够为我们创造更多的效益。这种效益不仅包括物质效益,还包括活跃效益。由于铁杆粉丝具有超强的活跃性,能够带动其他粉丝的积极性,所以在组织线下活动时,我们要优先调动铁杆粉丝的积极性,将社群里的粉丝凝聚起来。在调动铁杆粉丝的积极性时,我们可以给予一定的奖励,比如在购物时为其提供更多的优惠等。

<u>其次,活动要能够激发粉丝间的互动。</u>社群粉丝之间的关系本来就属于弱连接,粉丝间也只是知道彼此的网名和一些兴趣爱好

等，并不了解彼此的真实姓名、样貌和现实生活中的习惯。因此，为了让粉丝进行良好的互动，我们需要根据粉丝的兴趣爱好设计一些小活动、小游戏，使粉丝之间尽快熟悉起来。

最后，线下活动要为粉丝创造价值。举办线下活动时，我们要关心粉丝、倾听粉丝的声音，挖掘粉丝的痛点与需求，为粉丝创造价值。我们需要在线下活动中发放礼品或优惠券，让粉丝得到实实在在的福利，促使粉丝更加活跃。

举办线下活动能够拉近我们与粉丝、粉丝与粉丝之间的距离，提高粉丝的黏性和归属感。我们也可以在与粉丝的面对面交流中了解粉丝的需求，以便优化直播内容。此外，我们在活动中发放的各种福利能够激发粉丝的购物热情，有利于提高产品的销量。

我们还可以制定专属活动。专属活动针对的客户往往具有很高的运营价值，能够对品牌的发展产生重要的杠杆作用，比如新媒体编辑、有10万粉丝的抖音博主等。针对这类客户的专属活动可以是新品品鉴会、新店开业提前封测等，我们通过专属活动给予高价值客户更多特权，可以增强与这类客户之间的黏性和情感价值。有人还会专门给这类人群设计专属的活动邀请函、逢年过节寄送定制的礼品等。运营专属定制型社群的重点是营造专属感，以获得更多情感分，使品牌得到更多的免费曝光和流量。

活动是保证社群活跃度的重要手段，假如一个社群长时间没有活动或互动交流，社群成员之间很难变得熟悉，那么这个社群自然无法维持，会很快走向衰亡。关于社群活动，我们需要注意以下4个事项。

1）活动目的

活动目的是社群活动存在的意义。在活动开始之前，我们必须明确活动目的，比如是盈利、涨粉还是推广新产品。在活动结束后，我们要用是否达到活动目的来衡量活动的价值。

2）活动名义

活动名义是吸引社群成员参加社群活动的重要因素。名义和目的相呼应，前者为社群成员设置，后者为我们设置。有吸引力的活动名义可以调动社群成员参与活动的积极性。

3）活动主题

活动主题是真正体现活动价值的部分。主题要配合活动名义、活动目的来拟定，既要体现活动价值，又不能太过含蓄，才能快速抓住社群成员的心。

4）活动内容

活动内容要紧密贴合活动主题，以为社群成员提供价值为优先。社群成员只有在活动中得到了切实的利益，才会对下一次活动充满期待。

总之，策划社群活动是我们增强社群趣味性，提升客户黏性的重要方式。只有精心策划过的活动才能给客户带来更好的体验，增强我们与客户之间的感情。

11.8 社群矩阵，从 1 到 N 裂变

社群裂变的价值是无限的，因此，搭建社群矩阵的作用十分重要。搭建社群矩阵有利于我们接触更多的客户，收获更多的知识、思维和利益。如何搭建社群矩阵？主要有以下两种途径。

1. 横向倍增，纵向裂变

我们在做社群矩阵时可以先做社群的横向倍增。社群可以横向扩展为同城群、基础交流群、会员福利群、秒杀特价群、学习赋能群等。我们还可以根据不同的社群主题对社群进行纵向裂变，比如会员福利群可以裂变为淘宝会员福利群、抖音会员福利群等。

在社群的扩展中，我们可以通过以下两种方式实现基础交流群向销售群的分化。一是我们在基础交流群与粉丝建立了一定信任关系后，在群里推送销售群的二维码或链接，将粉丝引导到销售群。例如，饰品类产品社群的交流群可以是饰品搭配交流群，销售群可以是饰品福利秒杀群。二是我们在基础交流群中不断地与粉丝互动交流，筛选出活跃粉丝，并通过个人号了解这类粉丝对产品的兴趣，再从中筛选出精准粉丝，最后将这类粉丝拉到销售群里。

2. 挖掘 KOL，增强裂变吸引力

KOL（Key Opinion Leader，关键意见领袖）是裂变的关键，**在打造从 1 到 N 的社群矩阵时，最关键的一步就是挖掘 KOL。** KOL 具有很强的影响力和感染力，他们不仅可以引领其他社群粉丝，还代表了整个社群的利益诉求。一个合格的 KOL 能够对社群中的粉丝产生非常深刻的影响，因此，挖掘并培养出 KOL 是我们在实现社群裂变过程中的重要工作。

当然，了解 KOL 的重要性并不代表我们就可以把 KOL 运营好。一开始，我们很难确定哪些粉丝能够成为社群中的 KOL，因此，我们挖掘并培养 KOL 的第一步就是了解哪些粉丝在社群中扮演着关键的角色，思考这些粉丝是否可以成为社群中的 KOL。

我们可以从以下 3 个方面分析粉丝，挑选出合适的 KOL。

（1）粉丝的社群活跃度和活动参与度。

（2）粉丝的下单情况。

（3）粉丝的产品反馈情况及其在社群中的内容输出情况。

我们要选择那些社群活跃度高、积极参加社群互动，并且积极在社群内下单、经常在社群中输出优质内容的粉丝作为社群中的 KOL。这样的粉丝通常会被其他粉丝熟知和信赖。

另外，在挖掘和培养 KOL 的过程中，我们要考虑好 KOL 的数量。通常情况下，一个 200 人左右的社群中应该有 5～10 位 KOL，这是一个比较合适的数量。

KOL 不仅能为社群吸引更多的粉丝，还能增加社群的内容输出。如何培养 KOL、发挥他们的影响力？我们可以制造话题，让 KOL 有机会展现自己的技能、发表自己的看法；也可以为 KOL 制定一些有价值、有影响力的输出内容；还可以对 KOL 的讨论进行重点推送，对他们提出的活动进行重点支持和推广，将他们发表的内容置顶等。

KOL 是社群裂变的关键，社群需要他们引导粉丝的思想和行为。 KOL 的数量和质量在很大程度上决定了社群的裂变数量和质量。因此，我们要想实现社群的裂变，就要挖掘并培养数量更多、更优质的 KOL。

社群是品牌和产品传播的重要载体，是我们与客户建立信任关系的重要纽带。完善的社群矩阵有利于我们搭建更加庞大、稳固的客户体系，推动私域流量更广泛地发展。

11.9 社群营销，实现客户价值转化

在社群体系完善、秩序稳定之后，我们就要开始进行社群营销，以实现客户价值的转化。社群营销的方法有很多，以下是 4 种效果较好的社群营销方法，如图 11-2 所示。

```
1 新型砍价玩法    2 社群会员日    3 优惠券到店核销    4 售后回访
```

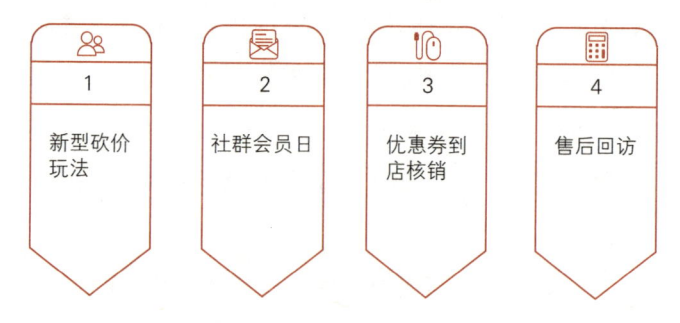

图 11-2　4 种效果较好的社群营销方法

1. 新型砍价玩法

首先，设计砍价的诱饵。这个诱饵必须让客户感到非常划算，但是不能只是划算，还要有传播属性及二次购买的可能性。其次，设计运营规则。只要客户砍价到 0 元就能免费获得奖品，但是客户需要在群里找来 3～5 个朋友一起砍价，才能获得这个奖品。我们在规则设计好之后，要及时把这个活动定向投放在社群中，同时设计一些很有吸引力的海报，并在每张海报上都放上这个活动的二维码，使活动得到快速传播。

2. 社群会员日

首先，自动给进群的客户推送一张优惠券，同时告知客户每周

的社群会员日。在每周的社群会员日，客户会收到各个店长推送的优惠活动，多一次触达就多一次交易机会。设计适合在线购买的产品，通过有策略的推送来刺激客户产生交易。

3. 优惠券到店核销

发放优惠券能够满足客户的求实心理，同时，周期性发放优惠券更容易营造优惠券的稀缺感，提升客户积极性。例如，固定每周二和周四抽取折扣券。此外，我们可以为优惠券设定限用日期，并利用社群标签筛选出领了优惠券但未到店核销的客户，并适当地向客户发送优惠券即将到期的提醒，提升客户的紧迫感，促使客户消费。

总之，实现客户价值转化是搭建社群的主要目的。我们要制定好社群的营销策略，充分挖掘社群中的客户价值，发挥社群的客户价值转化作用。

4. 售后回访

售后回访虽然不能直接起到增加销量的作用，但是可以与客户加强联络、为客户推荐新品，实现销售的二次转化。售后回访对维护客户关系、保证持续的购买力而言都有重大意义。售后回访需要注意以下事项。

1）注意回访礼仪

不管在什么情况下，与人沟通都要注意礼仪。礼仪周到可以使人产生天然的好感。因此，我们要特别注意回访礼仪，让客户主动配合我们完成回访。例如，在我们说明来意后，客户可能会表现出不耐烦，这时我们可以告知客户回访仅需要几分钟，不会给客户带来麻烦,还可以用一些小礼品、优惠券吸引客户完成回访。

2)强调对客户的重视

回访的目的是提高客户的关联度,让客户对社群产生好感,并促使其购买产品或再次购买产品。因此,我们可以在沟通的过程中适当强调社群对客户的重视。这既能使回访更有说服力,使客户更加配合,又能让客户觉得自己在社群中是有地位的。基于这种感觉,客户通常十分愿意再次购买产品。

虽然回访可以加强社群与客户的联系,让客户成为社群的常客,但是我们的时间和精力也是有限的,不可能回访每一位客户。因此,我们可以筛选一些回访对象,控制自己的工作量。例如,选择已表现出成交意向或多次购物的客户作为回访对象。一方面,这些客户已经对产品产生了需求,回访可以提升他们对社群的信任度,使他们保持持续的购买力。另一方面,因为这部分客户人数较少,回访他们既有代表性,又可以有效降低工作量。

第12章
团队搭建：协同作战，效果最优化

商业演讲的成功也是团队的成功，一场精彩的商业演讲离不开团队协作。凝聚团队的力量，你永远不会孤独前行。因此，你要精心搭建你的团队，为团队成员规划具体任务，使团队每位成员都形成自己的战斗力，从而凝聚最优化的演讲效果。

12.1 教练：提升演讲表达能力

教练是能够对你的演讲内容、方式和效果给予指导和反馈的人，也是团队的主心骨。一位优秀的教练能够帮助你快速提升演讲技能，获得更好的演讲表达能力，确保你能够更加从容、自信地完成每一次演讲。

我就是一位演讲教练。本节我以自己的实践经验为例，为大家介绍我是如何帮助学员训练和提升演讲技能、获得更好的演讲表达能力的。我有一位学员是两家公司的 CEO，曾服务过李宇春、老狼、崔健等众多明星的演唱会，也服务过保利地产、华为、Oppo 等大企业和国际品牌的发布会。

不过，他大多数时间从事幕后工作，很少走到台前露面讲话，而在公众面前演讲更是他一直以来恐惧的。身为公司的 CEO，演讲是提升自身和公司影响力的重要方式，但是他在公众面前过于紧张、恐惧，削弱了他的气场，分散了公众的注意力。面对这个问题，他深知逃避是没有用的，只有积极应对才能够弥补自己的短板，为自己创造更多机遇。他想利用空余时间进行一场系统的演讲训练。他通过我的公众号"CEO 演讲教练成晓红"联系上了我，并报名成为"晓红国际演讲学院"年度会员。于是，我成了他的演讲教练。

他在演讲学院的 CEO 制胜训练课上的第一次发言仍然比较拘谨。在发言过程中，他的手一直在发抖，手心不停地出汗，看得出来他十分紧张。那么，作为教练的我究竟是如何帮助他克服演讲恐惧、绽放自信魅力的呢？

我采用的是一对一私教式训练方法。这种训练方法是相对高效的，其训练过程往往有利于学员主动思考和接收。因此，在训练的过程中，你的教练应该将注意力全部集中在你一人身上。只有这样，才能实现更好的内容吸收和能力锻炼效果。

在训练前，我使用专业工具对他进行了系统化的演讲测试。通过这次测试，我了解到他的目标清晰、逻辑能力较强，但是缺乏一定的亲和力和感染力，他最大的演讲障碍是紧张和恐惧。

其实，很多人都害怕演讲。他们产生恐惧的主要原因往往是责任感过强，没有专业工具与训练的支持，缺乏信心，过于担心演讲中出现错误，每一次都期待最完美的呈现。那么，我要做的就是确保学员能够在公众演讲中从容、自信。

想解决以上问题，不仅要调整心态，还要训练技巧。在训练中，我运用了自己独创的"一个心态、两个定律、四个技法"帮助他打好演讲基础。同时，我也十分注重实战训练，帮助他营造公众演讲模拟场景，通过对演讲心态、技巧训练和肢体动作的细节指导使他不断在实战演练中掌握精髓和技巧，获得勇气和自信。令人惊喜的是，他在进行演讲基础的学习后，通过反复实战演练，仅在第三天的课程上，就有了很大进步。

这位 CEO 也感叹自己的进步，他没想到自己能够进步得如此快速、明显。在后期的课程中，我竭力帮助他在情绪化和逻辑化两个方面重点提升演讲效果，经过多方面的细节训练，他终于克服了对商业演讲的恐惧，具备了自信演讲的能力。他在课后反馈中说道："晓红老师上课并不是像很多讲师那样一味地解读通用案例，而是结合你的风格特点，运用非常实用的方法和技巧对你进行实战训练。"

后来，他在自己投资的健身馆的开业典礼上做了一次精彩的发言，连品牌方老板都说："太燃了，他遣词造句大气，有感染力，逻辑严谨，自信闪耀，感觉完全变了一个人！"他说，是我让他拥有了"不到最后一刻绝不放弃，就算到了最后一刻，依然内心坚定，从容面对"的宝贵精神。现在无论是什么主题、什么场合的演讲，他都能轻松应对，他还因出色的表达能力成了商会的领袖，这极大地提升了他的演讲魅力和领导魅力。

12.2 演讲者：主演主讲，输出内容

演讲者就是你自己，你是团队的关键角色，是演讲活动的主体。演讲过程也是你与观众沟通的过程，想要抓住观众的注意力，聚焦观众的目光，你就要充分发挥自身的主导作用并注重内容输出的关键作用。

演讲者的身份影响着演讲效果。演讲者最直观的身份可能是演讲者的地位和职务，其实还包括演讲者的年龄、经历、性格、文化素养等。观众会根据演讲者的身份来判断一场演讲的价值和意义。**演讲者的身份可以作为演讲的背景，在一定程度上制约演讲风格、形式和内容。**例如，一位年长的演讲者和一位年轻的演讲者在观众眼中有着不同的认知，观众对他们的要求和标准是不一样的；一位

专业学者和一位业余爱好者所引发的观众期待度和认可度也是不一样的。

演讲者选择的演讲题材应与自己的身份大体相符。演讲者不应盲目追求与自己的身份不相符的演讲题材，否则很难实现理想的演讲效果。只有演讲者的身份与演讲内容相符，观众才有想要听下去的欲望，演讲者才能获得更多观众的信任和认同。从另一个角度来说，就是满足观众的"角色期待"。

演讲者还要根据演讲场合和演讲主题定位自己的角色。在不同的场合，针对不同的演讲主题，演讲者的角色都会发生变化。例如，你是一位企业家，当你面向你的员工演讲时，你的角色就是企业领导；当你面向企业人士演讲时，你的角色就是行业领袖；当你出席慈善演讲活动时，你的角色就是慈善家。在确定好角色之后，你就要进入自己的角色，用这个角色应有的演讲方式进行演讲，这样才能发挥自己在演讲过程中的主导作用。

此外，演讲内容是演讲过程与效果好坏的关键。很多演讲者在演讲过程中陷入了一个误区，就是会在宣传会上将自己喜欢、熟知的内容讲述给观众，以展现自己的专业性。例如，设计师想要展示并传授自己的绘图技能，于是现场操作专业制图软件。各种光标、线条、组合键快速闪动，令人眼花缭乱……整个过程可能持续5分钟，甚至更久。

尽管设计师展现的内容很专业，绘制出来的图形很精美，但是观众的注意力可能早已在这个过程中分散了。对台下的专业观众而言，你展示的内容他们可能早已熟知；对台下的非专业观众而言，你展示的内容他们可能并不感兴趣。

因此，在有限的时间里，演讲者需要输出更有价值的内容。

这个价值并不是内容的专业性，而是能够吸引观众，为观众带来收获，实现良好的交互效果。在规划演讲内容时，你需要了解观众喜欢哪一类话题、哪一类内容，观众会向你提出哪一类问题等。你可以根据以往的演讲经历分析在讲什么内容时观众的目光最集聚、反响最好，总结这些内容的特点，以了解观众的关注点，找到演讲重点。

在演讲时，你需要表明自己想要表达的主题。如果你将观众感兴趣的话题或内容放入你的演讲素材中，却没有转化它，那么它可能不会产生任何演讲效果。所谓的"转化"，就是用自己的思想、理念和语言将大众层面的内容转化为你自己的内容。

首先，你要复述。先复述完整、真实的内容素材，再用自己的话将其表达出来，这是对内容进行强化的过程。其次，你要感受。你要充分感受你所讲述的内容素材，并将自己的感受融入你所传递的情感之中。最后，你要收集反馈。你要收集观众对演讲过程的重要反馈信息。在你输出内容的过程中，你要不断地观察观众的反应，并根据观众反应及时调整自己的输出内容。

你要尽可能地发挥素材的复利效应。同样的素材从不同的角度立意和表达都会发挥出不同的效果。例如，你演讲的素材内容是："一天下班后，我心血来潮地骑单车回家，一辆公交车与我同时出发，它的车头有一块明显的破损，我记住了它。不一会儿，我就看不见公交车的身影了，而 20 分钟后，我却与这辆公交车同时到达我家附近的公交站。"针对这个简短素材，你可以从不同的角度立意。

立意 1：关于成长，即使速度慢，纵然会落后，但是只要不停歇，终究会及时到达。

立意 2：关于责任，有时候，人生的停顿是为了完成更重要的使命,这种停顿有时比前行更重要。

立意 3:关于婚姻,只要方向一致,尽管速度不一致,也能够在走走停停中相濡以沫。

一场好的演讲离不开素材的衬托,而对素材的立意展现着演讲者的理念和价值观,好的、深刻的立意更能引发观众感悟和共鸣。无论是身份、角色的定位还是演讲内容的输出,演讲者都应该给予足够重视,在演讲活动中充分发挥自己的主导作用,否则就算团队其他成员配合得再好,也很难实现理想的演讲效果。

12.3 支持者:忠实观众,带动现场气氛

气氛是感染观众的重要因素,想要带动现场气氛,支持者必不可少。支持者能够增强现场能量,使原本只能达到 70 分的演讲获得 90 分的效果。每一场演讲大约需要 3~6 名支持者,他们既是你的忠实观众,又是现场的气氛担当。

在演讲活动中,人们往往会忽视现场支持者的重要性。实际上,建立好的气氛组更能够打好演讲活动中的心理战。演讲不仅考验演讲者的专业性,还考验演讲者的心态和临场发挥能力。尽管演讲者在演讲前做了充分的准备,但是在高压的环境下,演讲者很可能因为紧张使临场发挥的能力大打折扣,甚至出现大脑空白、说错话等现象。

同时,演讲现场有着众多观众,观众中很可能出现捣乱者、反对者等,对演讲造成干扰。支持者正是帮助演讲者缓解压力、干扰和尴尬的最佳助手,多名支持者能够组成强大的气氛组,对提升演

讲效果来说如虎添翼。支持者对现场气氛的带动主要体现在以下 3 个方面，如图 12-1 所示。

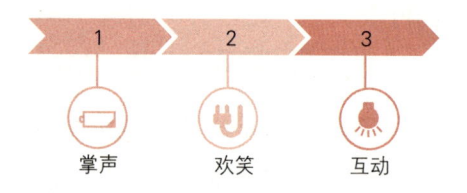

图 12-1　支持者带动现场气氛的 3 个方面

1. 掌声

一个人鼓掌能够带动一群人鼓掌，一群人鼓掌能够带动全场人鼓掌。这利用了心理学中的从众效应，即个人会受到环境和群体的影响。大多数人在受到外界人群的影响时，在感知、判断上会趋同于公众，表现出符合公众行为特征的行为方式，只有小部分人能够在群体行为中保持独立。

从众心理主要通过信息压力和规范压力影响个人的行为认知。在观众席中，当一个或几个观众开始鼓掌时，四周的观众就会感受到压力而跟随鼓掌，这种压力会迫使观众产生"这个信息确实有价值""我该鼓掌了"等想法，并且这种压力在观众席中传播的时间短、速度快。当多数人开始鼓掌时，其余观众就会感受到这种压力而跟随鼓掌。最后，一个或几个观众成功带动了全场鼓掌，而他们正是带动全场鼓掌的支持者。

2. 欢笑

我们常常会有这样的感受，就是当别人笑的时候，我们自己也会跟着笑。这其实是一种情绪感染，是被他人情绪影响并与他人情绪相匹配的现象。情绪感染实质上是一种情绪传递的过程，这个过程往往是在无意识的情况下发生的。声音刺激能够影响情绪体验，当个人与他人在同一场合时，受他人情绪的影响，个人会展现出与他人相似的情绪。观众在现场感受到了来自群体笑声的刺激，也会产生快乐的情绪，继而发出笑声，这是观众对群体情绪刺激的输入性反馈。

3. 互动

与观众互动是调动观众热情和积极性的重要方式，但是互动过程存在着随机性，有时候，单凭运气很可能无法实现良好的互动效果甚至会冷场。而互动最怕冷场，这就需要支持者与演讲者相互配合。支持者需要接演讲者的话，比如演讲者向观众展示了一段舞蹈，问观众这是什么舞蹈？这时，台下的支持者喊道"康复训练舞"，引得其他观众哄堂大笑，现场气氛瞬间就放松了。这样既避免了互动中没有人接话的尴尬，又成功逗乐了现场观众，活跃了现场气氛。

支持者需要配合演讲者做出动作，比如演讲者在进行有奖互动答题时抛出一个问题，请知道答案的观众回答。这时，支持者应及时举手，回答得正确与否不重要，如果是错误的，能够激发观众的好奇心，引发其他观众深入思考；如果是正确的，观众便能够见证礼物赠送的过程，现场互动的吸引力自然显著增强，观众的积极性也会大幅提升。

支持者的作用不容小觑，他们要时刻聆听演讲者的演说，观察演讲者的行动。因此，演讲者要慎重选择支持者，发挥支持者的作用，为演讲加油助力、锦上添花。

12.4　见证者：现身说法，使产品口碑最大化

见证者主要是指购买和使用过你的产品的客户。在演讲的过程中请见证者分享产品的使用经历和感受，能够快速提升你的产品的口碑，使产品口碑最大化。

品牌演讲者在演讲的过程中肯定会植入自己的产品，如何让观众信任自己的产品，使演讲实现比较好的产品宣传效果？见证者的分享十分重要。见证者的分享在一定程度上代表着产品的口碑，而口碑对品牌来说至关重要。见证者应以产品使用的真实体验和感受作为依据，描述产品外观、规格、性能、材质、寿命等信息，并以观众关心的产品口碑为内容，描述价格、用途、质量、性价比、优缺点、操作的方便性、实用性等感受。

见证者需要从观众关心的产品特征中挑选话题。不同人群的关注重点也有所不同，如果观众席中年轻人较多，见证者可以重点描述产品外观、性能等；如果观众的年龄偏大，见证者可以重点描述产品质量、实用性等。

金碑银碑不如见证者的口碑，见证者的口碑在一定程度上体现着品牌的发展和成就，见证者的分享直接关乎观众对演讲者所宣传的产品的认同度。见证者以产品使用者的身份进行分享能够加快观众获取产品信息的速度，改善观众对产品的态度，甚至刺激观众产生购买行为。见证者的分享实际上是演讲者与观众的间接沟通、互动与传播行为。

见证者在分享产品使用经历时应尽量避免使用直白、空洞的语言，否则很容易被观众怀疑真实性。见证者可以讲述产品给自己带

来"好运"的故事。故事往往更容易打动人心，从而更好地带动观众情绪，引发观众共鸣。

如果演讲中要宣传的产品是钻戒，那么演讲者可以请客户（见证者）讲述他使用钻戒求婚成功的故事；如果演讲中要宣传的产品是吸奶器，见证者可以讲述她使用吸奶器哺育宝宝的故事；如果演讲中要宣传的产品是中老年运动鞋，见证者可以讲述自己将该运动鞋送给爸爸作为父亲节礼物的故事。

此外，见证者应该具体讲述自己与产品之间的联系，讲述产品是怎样融入自己的生活场景中的。同时，演讲者也要注意见证者与产品的关联点是否符合观众与产品之间可能建立的关联点，因为产品故事只有与观众生活场景息息相关，才能激起观众的好奇心，提升观众了解产品的积极性。

一次成功的产品见证分享一定是有情感、有故事、有内容、有效果的，因此，演讲者需要注重对见证者内容分享的引导，重视见证者在演讲活动中的价值。

12.5 后勤：保障支持物料供应

前面 4 节对团队的幕前工作进行了重点论述，而团队的幕后工作也非常重要，那就是团队的后勤。后勤是物料保障供应的支撑，主要负责团队的行政工作和演讲活动全程的细节把控。没有后勤的支撑，前台再怎么努力也可能功亏一篑。

后勤直接作用于团队内部，对团队其他工作的正常运转有举足轻重的作用，对实现团队的整体目标有直接或间接的影响。后勤要确保能够顺利地为演讲活动提供所需物品、工具和服务,在团队中发挥保障作用。团队后勤的岗位主要包括行政专员、会计、出纳、采购专员、保安、保洁、司机、设备支持者等。

行政专员主要负责团队的日常行政管理工作,包括制作演讲活动资料、整理演讲活动文件、撰写并向活动主办方和相关人员发送邮件等。会计主要负责掌管团队的收入、支出等,通过记账、算账、报账等程序提供团队在演讲活动中需要的经费、已支出的经费、已获得的收益等经济信息。出纳主要负责保管团队资金、财务印章和票据等,并完成清点和核算。采购专员主要负责采购演讲活动需要的物资,协助团队做好物资采购规划,为团队做好及时、充足的材料供应。司机主要负责团队人员的用车服务,包括往返活动现场、商务交谈等。设备支持者主要负责维修团队设备材料和工具等。

后勤服务于团队,把控着演讲活动全程的细节,在团队管理和活动中起保障性的作用。只有后勤的工作做好了,才能够为演讲活动提供必要的物质基础。后勤可以免除团队的后顾之忧,使团队能够全身心筹备演讲活动,保障演讲活动全程的顺利进行。

第 13 章
直播演讲：
如何打造直播的商务感

随着直播行业的不断发展，直播演讲这一新兴演讲模式受到广泛关注。线上直播可以触及庞大的网络用户群体，好的直播策划可以帮助演讲者吸引成千上万人。直播演讲是提升品牌和创始人影响力的重要方式，这种方式的扩散范围广、速度快。因此，越来越多的演讲者加入直播平台。

你在学会商业演讲后，进军直播行业会非常高效。Sally是我的一名私教学员，她是一名营养师。跟我学习后，她在新冠疫情期间开启了直播，使业务逆势增长了80%，同时被各大平台邀请合作，500强企业也邀请她为官方直播合作伙伴。她如愿以偿地实现了线下线上创业的加速发展。

如何在竞争激烈的直播平台形成自己的特点和竞争优势呢？打造直播的商务感很重要。直播的商务感能够帮助你塑造专业化、高价值感的直播氛围，吸引高精准的客户群体。在直播平台火热发展的背景下，你应该了解直播带货的发展现状及趋势，掌握直播演讲的策略和方法。

13.1 直播人群：创始人、CEO

很多公司喜欢让员工作为直播主体，为公司做宣传、做演讲，虽然经过了精心的策划和排练，直播效果却微乎其微。其实，公司领导人作为主播能够更快速地吸引观众的注意力，激发观众的好奇心，赢得观众的认可。正是因为如此，我们见证了许多知名企业创始人的直播的火热。

作为公司领导人的你更加了解自家品牌背景、品牌故事、产品特色，亲自做直播演讲能够清晰地向观众传递品牌战略，使观众了解产品的营销、售后方式，加深品牌在观众心中的印象。同时，亲自做直播演讲能够打造个人IP。直播演讲是公司领导人在网络观众面前展现个人魅力的重要方式，能够使观众产生更强烈的亲切感，使观众进一步了解公司领导人的思想和理念，拉近公司领导人与观众的距离。

直播演讲是你转化自身和品牌价值的重要方式，你可以通过直播渠道使品牌实现新的成长，实现更多的价值变现。作为公司领导人的你，在观众心目中会自带一种人格魅力，提升直播内容的吸引力，在年轻人的思想引导方面发挥强大的推动作用，让年轻人从你的演讲中更好地感受品牌和产品的价值。

直播演讲能够更好地帮你做商业规划，你不要只在纸上或线下高谈阔论，还要走进直播间，从而在直播演讲的过程中挖掘潜在客户并满足客户需求，以便为自己的商业规划做铺垫。

公司领导人的形象浓缩了品牌的价值理念，因此你要注重自己在直播演讲过程中的形象。良好的形象能够使你和你的品牌在观众心中留下深刻印象并占据有利地位。公司领导人的形象和直播相结合能够为演讲注入商务感，为品牌的打造提供更多的动力。

13.2 场景搭建：打造协调的直播环境

直播平台中有许多"10万+"场观的直播间，这些直播间之所以有这么高的场观，是因为它们搭建起了超级场景，能够激起观众内心深处的情感。

例如，一个在老房子场景里讲述童年回忆，推销童年零食、玩具和用品的直播间有着"10万+"的场观。这是因为这个直播间以朴实的内容、怀旧的故事激发了观众的乡土情怀，并通过重现老房子场景勾起了观众的童年记忆和对故乡的怀念。

搭建协调的直播场景更有利于表达内容，吸引更多观众。怎样搭建直播场景呢？关键在于主播的直播主题、直播分类、在直播间里分享的话题等要和整个直播间的场景高度匹配。也就是说，观众从在直播广场看见直播间，到进入直播间听主播分享、与主播互动，在直播间感受到的应当与其期望的是高度一致的。

例如，某位主播在一间茶室里直播，其定位是知识主播，输出的内容是营销干货，选择的直播分类是教育培训。该场景吸引到的流量十分微薄。后来，该主播将直播分类调整为日常生活类，细分类别选择了日常聊天,流量随之提升。

该直播间一开始流量稀少的原因就在于内容和场景不匹配。平台会分析主播在直播间做了什么事情、讲了什么内容,并判断这些信息和直播间场景是否一致。该主播选择了教育培训分类,但是直播间场景却是喝茶聊天,这会被系统认定为内容和场景不匹配,难以获得平台更多推流。茶室场景匹配的应是品茶、鉴茶或宣扬中国传统文化等类别的直播内容,这样才能使场景与内容高度匹配,给观众带来更好的沉浸式体验,从而获得更多的平台推流。

直播场景影响着直播演讲的整体氛围,作为主播的你要重视直播场景的搭建,通过舒适、协调的场景提升整体的直播效果,给观众带来更好的直播观感。

13.3　形象把控:形成良好的镜头感

你在直播间中的形象影响着直播效果。亲切、自信、大方的形象更容易吸引观众驻足,给观众留下良好印象,因此,你需要把控好自己在镜头前的形象。想要形成良好的镜头感,你需要从以下两个方面入手。

1. 克服紧张情绪

当你初次面对网络镜头时,难免产生些许紧张情绪,可能还会产生一定的镜头恐惧感。紧张、恐惧在一定程度上会影响你的直播状态和直播间氛围,因此你需要适应镜头。首先,你可以通过为自己拍摄短视频的形式进行镜头演练,并从短视频中观察自己,发现自己的问题并及时纠正。其次，你可以通过私密直播，熟悉直播界面和流程，并在直播间进行直播演练。

2. 加强表情管理

在直播间中，你需要长时间地近距离面对镜头，一些在现实生活中不被注意的表情细节很容易在直播中被放大，可能让观众反感，甚至会被观众截图，成为观众批判你不专业的依据。对此，你要注意管理自己的表情，让自己在镜头前更亲和，避免出现冷漠、倦怠的神态。

你应尽量让自己处于舒适的状态。着装舒适、环境舒适，拘束感会自然而然地消除，人在说话时的表情也会更自然。你要注意减少不必要的表情，学会控制或少做无意义的表情，以降低负面表情出现的概率。

在直播间，你需要长时间地说话，这就意味着仅靠表演是难以维持良好的表情状态的。因此，你需要调整心态，实现心态到表情的自然传递，使表情更加自然。态度真诚，眼神也会更加坚定和从容。你可以目视前方，想象镜头前有一双眼睛，盯着这双眼睛自然地表达自己的想法。

同时，笑容是拉近你与观众距离的利器。如果你能够找到适合自己的笑容，就可以让观众对你产生更多好感。你可以选择抿嘴笑或露齿笑。抿嘴笑适用的场合更多，更能体现一个人端庄大方的气质。相较于抿嘴笑，露齿笑具有更强的亲和力。在露齿笑时，主播可以在嘴角发力的同时让下巴向下伸展，这样会更上镜。

镜头前的良好形象是你需要花费时间去训练和调整的。良好的镜头感能够使你在观众心目中形成记忆点,并使你快速适应直播演讲,从而实现更好的直播演讲效果。

13.4 内容设计:宣传为主,卖货为辅

在直播演讲的过程中,如果你直接以卖货为目的,很容易使直播内容过于生硬,导致观众不买账。你应当以个人、品牌和产品的宣传为主,以卖货为辅,在对自身或产品做好足够的宣传之后,将产品巧妙地融入直播内容,实现内容的价值转化。那么具体应该如何设计直播演讲的内容呢?我主要总结了以下 3 个要点,如图 13-1 所示。

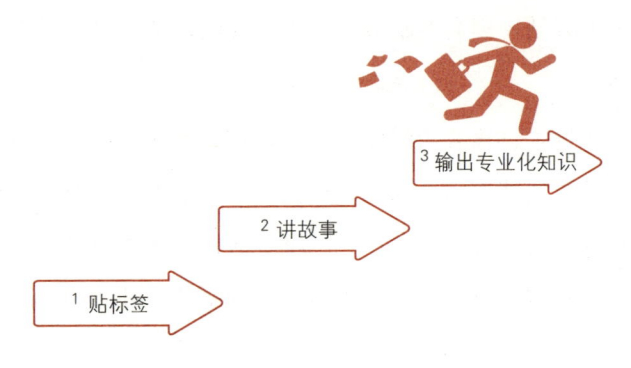

图 13-1 设计直播演讲内容的 3 个要点

1. 贴标签

在直播演讲中贴标签能够完善主播的人设。作为主播的你需要为自己贴上与众不同的、有利于传播的标签,以便吸引更多的观众,深化观众对你的人设的认知。

标签不是你直接告诉观众的，而是你通过直播演讲的内容呈现出来的。你在直播演讲中融入自己的个人特征能够加深观众对你的印象。同时，在为自己贴标签时，你一定要把握标签差异化的原则。贴标签是为了让你能够脱颖而出，如果已有其他人使用了这一标签，那么你在打造同一标签时则需要耗费更多的精力。因此，你需要分析自身与其他主播的差异，以差异为出发点确定自己的标签，这样才能通过标签宣传自身和品牌的价值。

2. 讲故事

故事具有强大的宣传和推广作用，讲故事并不意味着不能推销产品，你可以将对产品的推销融入故事，并通过讲故事的方式把观众带入产品的具体使用场景中。例如，你在推销一款空调扇时，就可以通过自家老人或孩子打开话题，讲讲你在照看老人或孩子过程中的喜悦和烦恼，和观众分享一些老人或孩子关于室内温度不适宜导致的健康问题，讲述产品是如何帮助你解决这些烦恼的。家里有老人或孩子的观众自然会和你产生共鸣。这样一来，你既宣传了产品，又拉近了与观众的距离。

在直播中讲故事能够与观众建立起情感连接。一些生动有趣的小故事可以使你的形象更加生活化，从而拉近你与观众的距离，帮助你建立起与观众的信任关系。在直播时，如果你只是单纯地介绍产品，则很难使观众产生亲近感，也难以赢得观众的信任；想要赢得观众的信任，就要贴近观众的生活。直播间不仅是你推销产品的平台，也是你和观众互动的窗口。良好的互动能够在一定程度上满足观众的社交需求，当观众的社交需求得到满足时，自然会对你产生好感，加深对你的信任。

3. 输出专业化知识

想要使直播内容呈现更好的宣传效果，你需要增强直播内容的专业性，因为只有在直播内容具有足够的价值时，你才能够得到更多观众的关注和认可。输出专业知识为品牌和产品做宣传能够为后期的产品销售做好铺垫。

假设你主要推销家装产品，直播间的大部分观众并不了解家装行业，自然也缺乏与家装行业相关的专业知识。他们在购买家具时会发现家具有不同的材质、款式，其所对应的装修风格也不尽相同，这很容易使他们陷入迷茫，不知从何处入手挑选产品。这时，你就可以依据自己的专业知识为观众提供帮助。

你一定要对自己销售的产品及其相关知识有充分的了解，这样才能更好地帮助直播间的观众解决问题。 在销售家具的过程中，你要了解家具的材质、款式及其相应的装修风格等，同时还要了解家装设计、家具的保养等知识，以便在观众提出疑问时给出合理的解答。

例如，一位观众刚刚拥有了一套独居小公寓。由于公寓的空间不大，难以挑到合适的家具。这时你就可以先了解这套公寓的具体面积、空间布置、观众喜爱的装修风格等，再根据公寓的情况和观众的需求进行推荐。此时你既可以推荐上床下桌的多功能床，也可以推荐一些方便收纳的衣柜等。这样不仅能解决观众的问题，还能让观众感受到你的专业性，从而建立起彼此之间的信任关系。

不只是推销家具，你在推销任何产品时都要具备一定的专业性。即使只是推销一款零食，你也可以在推销的过程中向观众展现自己的专业性。许多观众在购买零食时不仅会注重零食的口味，还会在意零食是否对健康有益。对部分女性观众而言，她们会担心零食是否容易使人发胖。因此，你在推销零食时可以强调零食中富含的对人体有益的成分；对于担心吃零食会发胖的观众，你还可以教她们制作一些低热量食品的小技巧。

无论你想实现什么样的直播演讲效果、推销什么种类的产品，都应该以宣传为主，获得观众对你和你的产品的信任。你只有在贴标签、讲故事与输出专业化知识的过程中宣传产品、推销产品，才能更好地使观众接受你的产品。

13.5 直播互动：多种方式实时互动

多种方式实时互动是演讲者与观众建立信任关系的重要手段。在直播的过程中，你要多与观众进行互动，增强观众的参与感，因为互动越多，观众越信任你。你可以通过以下 3 种方式与观众互动，如图 13-2 所示。

| 1 你问我答 | 2 制造话题 | 3 抽奖 |

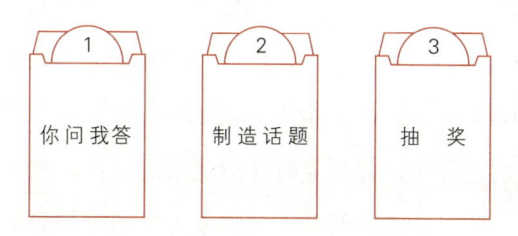

图 13-2　与观众互动的 3 种方式

1. 你问我答

当直播间活跃度较低时，你可以在直播过程中利用开放式问题引导观众参与直播互动。你可以向观众提出一些开放式问题，给观众自由发挥的空间,以此引导观众与你互动。例如,你可以向观众询问"怎么做""为什么"等一系列问题,请观众积极地将意见反馈给你。

你在直播时询问观众开放式问题可以使直播间的气氛变得更加活跃,同时可以体现你对观众的关怀,拉近你和观众之间的距离,有利于你与观众建立信任关系。开放式问题可以调动观众的积极性,让你有更多的机会和观众互动,使观众在与你的互动中感到放松,从而更加自在地和你交流。巧妙地运用开放式问题与观众进行互动可以增强观众的参与感,提升直播间观众的活跃度。

当直播间活跃度较高时,你应积极回应观众在公屏上提出的问题。回应观众提出的问题是你与观众进行有效互动的方法。在你直播的过程中,观众会不时地询问一些他们想要了解的问题,比如你演说的某个内容的含义、直播间的优惠活动、产品的细节等。

观众进入直播间的时间并不统一,很多时候,你已经回答了一位观众关于产品的某个问题,不久后可能会有刚刚进入直播间的观众询问同样的问题。这样的情况经常发生,你需要时刻保持耐心。你应该认真对待观众的每一次提问,即使问题相同,也要认真回答。

在直播的过程中,你要随时注意观众的评论,及时解答观众提出的问题,不能只注重不间断地演说或者推销产品而不关注观众的反馈。当直播间人数较多,你很难及时看到每一位观众的提问时,你要有重点地挑选并回答观众询问较多的问题。

总之,在直播的过程中,你可以通过回答观众提出的问题与观众进行互动。观众提得最多的问题最能反映观众的需求,你要对这些问题进行重点解答。你关注并解答观众的问题能够让观众感觉到自己是被重视的，从而对你产生更多的好感。在这种长久的、良好的互动中，你与观众的信任关系自然能够更好地建立起来。

2. 制造话题

在长达数小时的直播里，如果你一直围绕产品展开长篇大论，难免会让观众感到疲惫。因此，你要通过与观众互动增强观众的参与感。你可以制造话题引导观众进行讨论，从而引爆直播间氛围。

在直播前，你应当为直播准备三四个话题，但是要避免讨论敏感的话题，因为如果话题引发了观众的争吵反而得不偿失。你可以制造一些轻松但是有讨论点的话题，这样不仅可以在一个愉悦的氛围中将直播间的热度调动起来，还可以让观众更加积极地参与话题互动。

在推销产品的过程中，你可以抛出一个与产品有关的话题引发观众讨论，这需要你多关注一些与产品相关的新闻热点。例如，你在推销零食时，可以以时下的网红零食作为话题，也可以通过一些热播剧中出现的美食作为话题引发观众的讨论。你从当下热点中寻找话题可以充分调动观众的积极性，让观众参与讨论，增强观众的参与感。

你在通过话题讨论调动观众的积极性的同时，也要对观众的互动进行把控，因为观众的情绪过于高昂或者话题讨论的时间过长对接下来的直播是不利的。直播间的热度和观众与你的互动是相辅相成的，你要把控好演讲和话题讨论的时间。

3. 抽奖

抽奖能够吸引更多的观众参与直播互动，增强观众的参与感，拉近你和观众之间的距离。抽奖能够增强观众对你的黏性，激发观众的购买热情，有利于实现福利营销的目的。

组织抽奖活动并不是单纯地将奖品送出去，你需要把握抽奖活动的规则。例如，"点关注加入观众团可参与福袋抽奖"的规则是为了积累更多的观众；"发布指定评论参与抽奖"的规则是为了提升直播间的热度，吸引更多的场外观众；"下单参与免单抽奖"的规则是为了刺激观众消费。

总之，加强互动是活跃直播间氛围，吸引、积累、挖掘客户的重要方式，你要重视互动的作用，切忌一味地演说或者推销产品。同时，互动的方式也是多样的，你应该选择适合直播内容的互动方式，使互动方式与直播内容相协调，使观众产生更好的观看和参与体验。

13.6 直播特色：打造无法复制的直播亮点

要想通过直播吸引更多的流量，你就要努力打造直播特色，让直播间风格更加独特、直播内容更加符合观众的需求。如果跟风千篇一律的直播间风格，很容易使观众产生审美疲劳，直播间也就难以在观众心中留下深刻印象。

要想在众多直播间中脱颖而出，打造无法复制的直播亮点十分重要。你可以从以下3个方面出发打造直播亮点，如图13-3所示。

1. 专业技能

你可以根据自己的专业技能打造直播亮点。例如，如果你的带货方向是美妆类产品，就可以在直播中展示自己的化妆技巧；如果你的带货方向是数码类产品,就可以在直播中对数码类产品进行专业的测评。你在直播中展现专业技能不仅可以为你打造专业过硬的标签,也能够形成直播亮点,加深观众对你的印象。

图13-3 打造直播亮点的3个方面

2. 直播风格

你可以通过直播风格打造直播亮点。虽然都是在直播中推销产品,但是不同性格的主播会在推销产品的过程中形成不同的直播风格。例如,一些主播个性风趣幽默,在介绍产品时能够将产品介绍讲成段子,使得直播间的气氛变得十分轻松,观众也变得十分活跃。

除了风趣幽默,主播在直播的过程中设计有趣的情节、使用方言进行直播等都会形成独特的直播风格。总之,你的直播风格越独特,越能够吸引更多观众的关注。

3. 语言标签

具有个人特色的语言标签也能够成为直播亮点。语言标签可以是一个词或者一句话,当简短而有记忆点的语言反复出现时,就会给观众留下更加深刻的印象。个性的语言标签可以成为你的直播特色之一。

在直播中打造出其他主播无法复制的直播亮点能够完善你的人设、加深观众对你的认知。同时，这些具有特色的直播亮点能够使你更受观众欢迎，使直播营销更加成功。

13.7　设备稳定：网络流畅，画面清晰

在直播的过程中，为了避免直播卡顿、画面模糊等情况的发生，团队需要提供充分的设备支撑，比如选择合适的直播设备并提前做好测试和调试，以保障设备在直播过程中的稳定运行。

1. 拍摄设备

专业设备的分辨率高，拍出来的视频清晰度比较高，画质比手机拍出来的更好。专业设备的光线处理功能较强，能够解决直播间过曝、昏暗等问题。同时，专业设备具有很多可供选择的调节功能，对于直播画面调试的可延展性较高。

专业设备虽然有很多优势，但是操作起来也比较麻烦。其实，现在手机的拍摄效果也越来越优秀，有些手机的摄像头已经达到了1亿像素。如果你对直播画面的要求不是太高，一部高端手机就可以满足直播拍摄需求。对刚刚接触直播的新手来说，手机拍摄简单、方便、实用，比专业设备更灵活。

2. 录音设备

直播所需的录音设备主要是声卡和麦克风。声卡是转换声音的

工具，好的声卡能够消除直播间的杂音，更好地传输你的声音，使你的声音清晰、有质感。同时，如果直播间活动繁多、氛围火热，你可以使用声卡在直播现场监听自己的声音。

麦克风是非常重要的录音设备，如果麦克风性能不好，就算声卡再好，也达不到理想的录音效果。因此，麦克风的好坏直接影响音质的好坏。麦克风主要有两种：一种是电容麦，另一种是动圈麦。电容麦主要分为两种，分别是需要 48V 电源推动的电容麦和不需要 48V 电源推动的电容麦。建议团队选择需要 48V 电源推动的大振膜电容麦，同时也要注意声卡是否支持 48V 电源的电容麦。动圈麦不支持 48V 电源，如果使用 48V 电源则有可能烧坏麦克风。同时，部分声卡无法支持动圈麦的运作，可能导致麦克风声音小，甚至没有声音。因此，不推荐团队使用动圈麦。

当麦克风出现杂音时，团队可以考虑直接换线或换麦克风。

3. 网络设备

团队在直播前一定要确保 Wi-Fi 是正常的。直播时的网络流畅度非常重要，会影响主播的直播效果和观众的观看体验，甚至会影响涨粉效果、引流效果和带货销售额，因为没有观众喜欢留在一个卡顿、主播声音断断续续、画面扭曲的直播间。

团队可以通过观察直播间右上角直播时间显示条左边的小亮点的颜色来判断 Wi-Fi 是否正常。绿色代表 Wi-Fi 是正常的，黄色代表信号不好，红色代表信号异常。在外部调试上，团队需要提前检查路由器的线缆是否松动，电源是否能够正常使用。在内部调试上，团队可以查看路由器背面的网关网址，将网关网址输入浏览器中，进入路由器的调试页面，根据自己的需求调试路由器系统的信息。

如果你依靠手机运营商的网络流量进行直播，应提前关闭 4G 网络，打开 5G 网络。一般来说，5G 网络的传播速度和稳定性优于 4G 网络。同时，你需要检查手机的流量和话费余额，以免因欠费导致网络自动关闭。此外，你应该对直播区域的手机网络信号进行反复测试，确保能够获得稳定的信号。

专业的拍摄设备、录音设备和网络设备才能够保障直播画面和声音的流畅度，使你的注意力更加集中，从而更完美地传播直播内容。

13.8 应急准备：预设突发事件解决方案

想要具备应对突发事件的能力，就要在开播前做好充足的准备，有备无患。不过，人的预知范围是有限的。有些时候，就算我们做了准备，还是会遇到一些突发事件。那么，怎样应对直播中的那些突发事件呢？

事缓则圆，人缓则安。在直播的过程中，遇到突发事件是在所难免的，我们要从容面对，切忌操之过急。只要保持放松的心态，沉着处理、设法应对，就能圆满解决。接下来，我会讲述一些直播间可能出现的突发事件和应对方法。

突发事件 1：声画不同步。当直播间出现声画不同步的现象时，团队要联系负责操控直播平台云端服务器的人员，云端操控人员可以通过单独对画面或者声音增减延时效果进行调整，使画面信号和音频信号统一输出。

突发事件2：音频中断。音频中断就是只有画面、没有声音，这是直播间比较常见的一种突发事件。在工作人员检查并解决音频问题的同时，主播与其他工作人员可以借助道具宣传后面的活动，以提高观众期待度，避免观众退出直播间，比如拿出活动广告牌，宣传接下来的半价秒杀、抽奖活动等；主播也可以以幽默风趣的方式表演一场哑剧，比如展现出欲哭无泪的表情，通过无声的表演逗乐观众；主播还可以用电子屏或纸笔写下音频中断的原因，或者其他想对观众说的话，使观众直观了解突发情况，解答观众困惑。

突发事件3：画面中断。有时候，直播间的画面会突然消失，但是观众依然能听到直播间的声音。在工作人员处理问题的同时，主播应及时以口播留人，比如与观众在公屏上互动，让观众问自己想要了解的问题，为观众解答。

突发事件4：信号波动。团队要对信号进行实时检测，以便在信号发生波动时能够第一时间发现问题、解决问题。同时，导播人员要及时将直播信号切换至备用线路，以恢复信号的稳定。

突发事件5：信号中断。当直播信号突然中断又不能够及时解决时，导播可以将直播画面切换为品牌或产品的宣传视频，并通知技术人员快速解决信号问题。

不过，有时候信号中断的原因可能是主播在直播间使用了违禁词，或做了违反直播平台规则的行为。如果是因这两种情况导致信号中断的，直播画面上会有相应的平台提示。这种问题是团队无法直接解决的，不过团队可以在信号中断时立即发送短视频至该平台，也可以同时在其他社交平台上发布公告，向观众致歉，讲明直播中断的原因，并告知下一场直播的时间。

突发事件6：恶意捣乱。每个人都有言论自由，主播要虚心接受直播间观众提出的批评、意见和建议。对于在直播间中恶意捣乱的观众，比如在直播间大量刷广告、对主播进行人身攻击等，为了维护直播间的和谐环境，直播间管理员可以对恶意捣乱者进行禁言处理。

总之，无论遇到什么样的突发事件，主播及其团队工作人员都要保持放松的心态。只有放松心态，才能更加理智地思考问题、解决问题，妥善处理突发事件并将其影响降到最低。

13.9 流量密码：提升直播流量的 3 条规律

吸引流量是直播的主要目的之一，平台上有千千万万个直播间，直播间的人气却天差地别。有的直播间只有几个或几十个在线观众，有的直播间则拥有数万或数十万个在线观众。

<u>流量较高的直播间往往有着独特的细分定位，能使观众的某一需求得到满足，激起观众内心深处的情感</u>。例如，一个削柿子皮的直播间有"10 万 +"的场观，是因为这个直播间能够激发观众的乡土情怀，勾起观众对故乡的怀念；一个玩老式俄罗斯方块游戏的直播间也有"10 万 +"的场观，是因为这个直播间能够勾起观众的童年记忆。

我刷了无数次直播广场，看了无数个有"10 万 +"场观的直播间，最后总结出提升直播流量的 3 条规律。

1. 细分品类

很多主播都在谈品类红利。什么是品类？以快消品为例，食品是一个超大品类，饮用水是一个子品类，而在饮用水这个子品类里，还包含很多不同的细分品类，比如矿泉水、纯净水、可乐、果汁等。某品牌开创了水果牛奶混合饮品这个细分品类，抢占了品类红利机会。某气泡水品牌是另一个抢占品类红利机会的典型。

直播平台有品类红利机会吗？有。很多细分赛道还没有绝对的头部产品，我们可以先确定好自己的产品品类，然后围绕细分品类展开直播，以凸显演讲的专业性，激起观众的购买欲望。

2. 标题和封面

一个好的直播间标题能够增强直播的吸引力，有效提升公域流量的点击率。直播间标题一般为9～12个字，太短不利于内容展示，太长不利于观众阅读。标题要聚焦一些关键字，比如所销售的产品、瞄准的用户群体、此次直播的福利、明星嘉宾等，以便增强标题的吸引力。此外，标题一定要和直播内容相符，切忌弄虚作假。

直播封面足够吸引人才能吸引更多观众观看。直播封面一定要干净清晰，让观众一眼便能够了解直播的内容。同时，直播封面需要突出人物、内容标签等，比如主播、嘉宾、直播的主要活动标签等。此外，不要频繁更换直播封面的风格，只有独特且风格统一的封面才能加深观众认知，持续吸引观众。

3. 连续开播

为什么要坚持连续开播呢？好的直播好比一部好看的电视连续剧，能够吸引观众持续跟进。只要我们连续开播、观众持续跟进，日积月累就能形成一定的粉丝规模，积累一批忠实粉丝。

直播绝对不能"三天打鱼，两天晒网"。我们一定要坚持连续开播，让平台给我们的账号打上精准的标签，持续将流量推送给我们。

此外，需要注意的是，我们最好确定一个固定的开播时间，这样才能使观众有一个预期。而且，固定的开播时间能够使观众形成条件反射。到了固定时间，观众就会自然而然地来到我们的直播间。

没有任何一个直播间能够随随便便地获得"10万+"的场观。我们只要牢记3条规律——选择一个正确的细分品类，设计一个独特的标题和封面，并且持之以恒地开播，就能够与观众形成更牢固、亲密的关系，从而实现更好的成交。

第14章
演讲素材库：
不同场景的演讲模板

在当今商务繁忙的社会，各个领域的从业人员都需要掌握一定的商业演讲技巧。本章将从不同场景的演讲模板出发，为演讲者提供一些实用的模板和素材，供演讲者参考。

14.1 社交聚会：宣传自己，拓展社交圈

在社交聚会上演讲是帮助演讲者培养好的交际口才，巩固并拓宽人际关系的重要渠道。社交聚会上的演讲稿需要注意突出个人魅力和价值，以个人魅力吸引人际资源。以下是社交聚会的演讲原则、模板和素材。

1. 即兴发言，形式简短

演讲者在社交聚会上发言应该避免长篇大论及空洞的说教。

2. 发言内容与现场气氛相符

有些社交聚会的现场气氛比较严肃，演讲者需要正式地致辞；有些社交聚会的现场气氛比较活泼，演讲者可以接地气地演说。

3. 遵守现场的规则

无论社交聚会的现场气氛是严肃的还是活泼的，演讲者都应该服从主持人的安排。演讲者在演讲时要遵守现场的规则，按照要求站在座位旁边演讲，或者站在主席台上演讲。演讲者在演讲的过程中应该注重语言的礼节性，给人留下礼貌、成熟的印象。

4. 避免对抗性发言

社交聚会的氛围应该是融洽的，因此，演讲者要避免与观众或者工作人员发生对抗，对于需要沟通的话题、意见和建议，可以在会后单独沟通。

在社交聚会上，演讲者的情绪要稳定，讲话要条理清晰、恰到好处。"感谢＋回顾＋愿景"是社交聚会演讲的通用模板。演讲者使用这个模板并掌握要领可以在聚会上快速组织语言，哪怕是即兴发言也能够大方得体。

演讲者在发言时需要遵循一定的礼仪，常常会用到感谢的话语来开头，比如：

感谢主办方的盛情邀请和款待……

感谢亲朋好友在百忙之中赴宴……

感谢主持人给予我这次发言的机会……

如果是参加好友的生日宴会或结婚典礼，演讲者可以回顾与好友的过往经历，比如：

回顾我与某某的交往……

回顾新郎和新娘相识的那段时间……

如果演讲者是主持公司的答谢宴会，可以回顾公司的历史，比如：

回顾我们当初筹建公司时的艰难……

回顾公司去年的发展……

回顾我创业以来……

演讲者可以在最后表达自己对在场嘉宾的祝愿和展望，比如：

祝我的朋友生日快乐……

祝愿新郎和新娘白头偕老，幸福万年……

我代表公司向大家表达美好的祝愿……

祝愿在座的各位……

"感谢"代表现在、"回顾"代表过去、"愿景"代表将来，这个模板能够帮助演讲者厘清演讲逻辑和思路。模板只是一个演讲框架，演讲者可以根据实际情况和需要在框架中填充自己想要表达的内容。

14.2　行业展会：展示实力，突出产品

行业展会是公司彰显自身实力，与行业生产商、贸易商和经销商沟通、交流的重要渠道。演讲者在行业展会上展示产品实力能够帮助公司塑造良好的形象，增加行业内相互了解与合作的机会，进一步开拓市场。

首先，演讲者要向全体来宾问好以示尊重，并介绍自己所邀请的重量级嘉宾，同时宣讲本次展会的主要内容和产品。例如，演讲者可以说："尊敬的各位领导，各位××同人，大家下午好！很荣幸能够邀请大家参加我的产品展示会。我希望能够在这次展会上与大家一起沟通、学习，共同进步。参加本次展会的特邀嘉宾有××企业××，××企业××。此次展会的主题是××，我将向大家展示的产品有××、××。"

其次，演讲者要叙述公司和产品的发展历程，并突出新产品的价值、科技和创新点。例如，演讲者可以说："作为行业中的××

公司，我们一路走来经历了很多的艰辛，始终保持着××初心，积极进取、开拓创新，曾获得'××'单位等荣誉称号。公司发布的知名产品有××、××。其中，××产品至今已经创造了××销量，××产品创造了××成绩。今天，我要隆重推出我们公司新研发的第×代××系列产品。该系列产品突破了××限制，融入了××科技，采用了××材料，实现了××性能，能够满足××需求。"

最后，演讲者要结合社会发展现状阐明产品的发展前景。例如，演讲者可以说："××时代，××技术构建了××新生态，已经成为社会经济发展的新引擎。××系列产品顺应了××时代的发展，为时代开启了××大门。在未来，××系列产品还将融入××技术，打造××的性能，为××发展增添强大动力。"

14.3 公司年会：怎样主持高效能会议

年会发言之所以重要，是因为年会是对公司年度发展的总结和升华。年会上聚集了公司的全体员工，无论演讲者是公司的创始人还是CEO，在年会上主持演讲都是他的重要时刻。面对公司的全体员工，演讲者可以总结成就，也可以鼓舞士气；可以嘉奖，也可以鞭策。总之，演讲者需要表达感谢，呼唤共鸣，引发思考。

首先，明确发言主题。相较于其他会议形式，年会是更加庄重的。作为年会主持人，演讲者应该做好充分的演讲主持规划，不能零零散散地即兴发言、说东道西。年会的演讲需要一个鲜明的主题，并且这个演讲主题应该符合演讲者的演讲基调，符合年会的整体风格。

其次，做一个精彩的开场白。在喜庆的日子和热闹的活动中，精彩的开场白是调动现场气氛的重要方式。例如，演讲者可以说："尊敬的各位同人，亲爱的员工们，你们好！律回春晖渐，万象始更新。告别了任重致远、满载而归的××年，我们迎来了意气风发、充满希望的××年。值此新春将至之际，我谨代表公司董事会，向全体辛勤劳作的员工致以诚挚的感谢，祝大家在新的一年里平安喜乐、和气致祥、福星高照、万事顺遂！"

再次，总结公司一年的发展成果和成就。例如，演讲者可以说："这一年，在各级团队的共同努力下，公司夺得了××开发权，取得了与××公司的合资，成功进军××产业，这些是振奋人心的突破。同时，公司的各项经济指标较往年有了大幅增长，比如××指标增长至××。这些令人欣喜的成绩证明我们公司的战略是清晰的、定位是精准的、决策是科学的。这一年的成绩使我们看到了一个充满活力和生机的公司，使我们看到了就算道路再怎么曲折，前途也是光明的。在这里，感谢每一位员工做出的不懈努力和伟大贡献。"

最后，表述公司的未来发展目标，给予员工祝福。例如，演讲者可以说："当前，我国的经济生态正发生着深刻变革，伴随××技术的发展，××生态领域迎来了前所未有的发展机遇，这为我们实现'建立中国百强企业，创建国际一流品牌'提供了新的前进动力。

"在这个宏伟蓝图中，我们每个人都能够用自己的画笔在图纸上演绎出浓墨重彩的一笔，留下充满理想和智慧的痕迹。机遇与挑战同在，光荣与理想共存！公司背靠优秀的企业文化，拥有德才出众的企业员工，践行××的发展战略，不断积极进取、改革创新,一定会迎来更加辉煌的明天!最后,衷心地祝愿大家新春快乐,身体健康,万事如意!"

<mark>年会是公司一年一度的盛会,演讲者必须给予足够的重视。</mark>演讲者在年会上的演讲既是对公司全体员工工作成果的肯定,也是对公司经营理念和业务的梳理,更是对公司发展使命的进一步坚定。演讲者应该把握好这个难得的演讲机会,营造积极向上的年会氛围。

14.4　员工激励:鼓励上进,激发斗志

企业的成功离不开优秀的员工,因此,定期召开员工激励会对提升员工积极性来说十分重要。<mark>在员工激励会上,领导者亲自登台演讲的效果往往最好。</mark>如何在员工激励会上进行高质量的演讲呢?演讲者可以从以下 4 点展开。

1. 真诚地赞美

赞美是世界上最优美的语言,在演讲的过程中,演讲者不要吝啬对员工的赞美。成功的领导者往往善于赞美员工、肯定员工。真诚地赞美员工可以激发员工的热情,挖掘出员工更多的潜能。被赞美的员工往往能够产生荣誉感和成就感,自尊心得到一定的满足,进而产生进取心,将自己的聪明才智充分地发挥出来,为企业做出更多的贡献。

2. 适当地"戴高帽"

"戴高帽"是一种人际交往的艺术,演讲者在演讲时适当地给

员工"戴高帽"能够使员工精神愉悦，获得员工的好感和信任。同时，给员工"戴高帽"也是在提振他们的信心，使他们精神抖擞、对未来充满希望，更好地去完成公司交给他们的任务。

3. 传递竞争意识

竞争意识能够调动员工的积极性，因此，演讲者应尝试唤醒员工的竞争意识。演讲者可以为员工介绍公司的竞争机制，讲解公司的晋升渠道和竞争岗位，让员工意识到竞争的存在，激发员工的上进心。

4. 阐述激励机制

演讲者可以将公司的激励机制融入演讲内容中，说明员工会获得什么样的激励，员工的权、责、利，以及公司能够为员工提供的成长机会和发展空间。

事实上，说出激励的话语并不难，而要说出能够真正达到激励效果的话语则需要掌握一定的技巧。正确地激励员工能够增强员工的责任心和上进心，激发员工的斗志，为公司创造更广泛的价值。

14.5 投标谈判：强调优势，凸显经验

投标谈判会上的演讲在一定程度上影响着投标结果，因此，演讲者应该着重输出工程重点和优势，并展现自己丰富的工程经验，以使投标人信服。

首先，强调会场纪律。例如，演讲者可以说："为使投标会议

有序进行，请大家将手机调至静音或振动模式；请大家保持会场秩序，不要大声喧哗。"

其次，介绍工程概况和施工要求。工程概况主要包括工程名称、地点、性质、规模、用途、建设单位、设计单位、建筑面积、结构形式、施工条件、总造价等。此外，演讲者需要阐述施工要求。例如，演讲者可以说："根据工程总工期的要求，建筑工程的整个外装饰将采用分步施工法进行施工，对工程项目中的人员分配和管理、材料调配和运输、资金运筹等提出了较高的标准和要求。"

再次，讲述工程优势，展示经验。例如，演讲者可以说："我司常年承接××地区××类工程，具有丰富的施工经验，公司设立××部门、××部门、××部门，能够确保工程按要求、按标准顺利完工。我司有一批经验丰富、技术水平高的管理和技术人员，其中××学历占比××，××职称占比××，能够选派专业化的施工劳务队，实现工程项目的科学组织、优化管理，实现工程的质量目标。我们曾开发过××、××、××等重点项目，为××做出了积极贡献，以过强的实力、过硬的质量为公司树立了良好口碑。"

最后，表达对工程项目的期许。例如，演讲者可以说："我们针对本次工程的核心理念是先创品牌工程，再求经济效益，我们有信心、有决心，更有能力。我们将严格把控工程细节，以一流的工艺、最高的效率向建设单位递交一份满意的答卷。"

投标谈判会是作为招标人的演讲者为自己的工程做宣传的重要会议，**在投标谈判会上做高价值的演讲有利于为工程项目吸引到优秀的投标人，推动工程项目进程。**

14.6　招商路演：突出价值，明确优势

企业想要实现长足发展，招商是必不可少的一步。招商方式有很多种，其中一种是从招商者或投资机构那里获得资金，这需要创业者进行招商路演，讲清楚自己的项目是什么，以及为何融资、融资金额等。招商路演大致可以分为两部分，分别是 30 秒的介绍和项目内容描述。

第一部分是 30 秒的介绍。在 30 秒内，演讲者要清楚传达自己的目的，尽最大努力吸引投资者的注意力，最好用 3 句话就能让投资者知晓项目的重点信息。

（1）说明公司是做什么的。演讲者要直截了当地概括出公司的核心业务。例如，演讲者可以这样说："大家好，我们是 ×× 公司，我们提供将您家中的空房间租出去的服务。"这样的表述简单明了。如果演讲者和投资者说"我们是 ×× 公司，是一个空房间的大集市"，则很难让人马上理解演讲者想表达的意思。因此，学会使用简单的语言对进行招商路演的演讲者来说非常重要。

（2）说明产品的市场有多大。想要说明产品的市场广阔是非常简单的事情。例如，演讲者可以说："我国旅游市场蓬勃发展，在线酒店预订业务的需求越来越多。"演讲者最好用一些大家有目共睹的事实来说明市场需求，这样投资者就能一目了然地看到投资这家公司的获利点。

（3）说明公司的增长潜力有多大。例如，演讲者可以简单地介绍说："我们公司成立于 1 年前，经过 1 年的时间实现了 30% 的增长，目前的营业额达到了数百万美元，用户人数高达 100 万。"演

讲者要做的就是让投资者相信公司的增长潜力很大。例如，演讲者可以说："研发团队仅用 3 个月就开发出了新产品，且流程进行得很顺利，团队整体的能力很强。"

经过 30 秒的介绍，演讲者可能已经获得了部分投资者的认可，接下来还要进行项目内容描述。

很多人会在项目内容描述上花费 10 分钟、半小时，甚至 1 小时的时间进行演讲，结果使投资者昏昏欲睡，根本没有记住重点内容。事实上，项目内容描述只需要 2 分钟，讲得太多反而有可能让投资者失去耐心。

项目内容描述有 3 个关键点。

（1）具备敏锐的洞察力。投资者可能会问演讲者："你的秘密武器是什么？你的竞争优势在哪里？你有什么独特的见解吗？"事实上，解答这些问题是演讲者展示自己和公司的机会。向投资者表达一些专业、新颖的见解，非常有利于促成成交。演讲者可以通过观察投资者的反应来调整描述的时间，如果投资者感兴趣则可以适当延长描述的时间。

（2）直白表述盈利方案。当演讲者被问到如何盈利的问题时，不要模糊地回答："我们打算经营广告或者销售一些虚拟产品，可能是这个，也可能是那个。"这种答案没有意义，等于在告诉投资者你也不知道怎么赚钱，只有几个尚未落地的方案，一切都还是未知数。

投资者不会投资一个盈利前景模糊的项目。因此，演讲者要把公司的每一种可能赚钱的方案都拿出来，明确告诉投资者什么方案预计可以盈利多少，这样才有说服力。

（3）第三，强调团队的作用。如果演讲者的团队有过一些惊人事迹，一定要告诉投资者，比如"我们是某项目的创始人""我们是某知名 App 的研发者"等。这些事迹一说出来就能让投资者眼前一亮，因为一个经验丰富的团队带领的项目更容易获得成功。

此外，投资者还可能想了解这些问题：创始人中有多少技术型人才？工程师和商务人士各占多少比例？团队成员认识的时间和私交情况如何？团队成员是否都是全职人员？团队是如何组建起来的？等等。这些问题可以使投资者了解团队的专业性、稳定性和潜在风险，越专业、越稳定的团队越受投资者的欢迎。

14.7　人员培训：简述课程，点明重点

在人员培训中，演讲者与观众是知识的传授者与接受者，观众需要从演讲者的演讲中获得某些知识或某项技能。因此，演讲者要在演讲过程中充分展示专业性，让观众产生"我确实可以从这场演讲中受益良多"的感觉，这样观众才愿意将注意力集中在演讲的内容上，从而获得知识或技能。

人员培训的内容设计非常重要，主要建立在培训需求分析的基础之上。针对不同的岗位层级，演讲者应该设计不同的培训内容。人员培训的 3 种类型包括入门性培训、适应性培训、提高性培训，如图 14-1 所示。对于刚进入公司的员工，演讲者需要为他们做入门性培训。在员工进入工作岗位后，演讲者需要为他们做适应性培训。随着员工的进步和发展，为了促使他们发挥更多的潜力，提高工作效率，演讲者需要为他们做提高性培训。

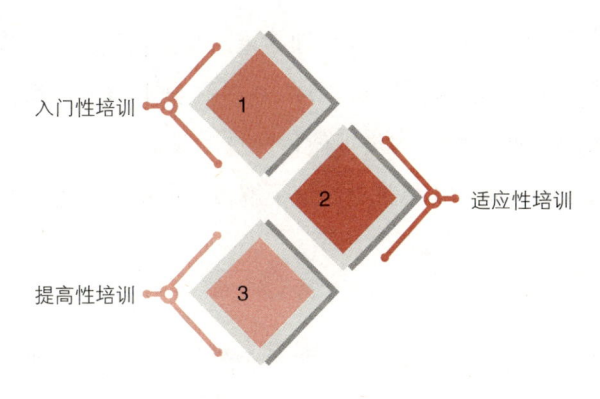

图 14-1　人员培训的 3 种类型

1. 入门性培训

面对陌生的环境,刚进入公司的员工难以立即胜任工作。这就需要演讲者对这些员工进行入门性培训,帮助他们了解公司,使他们对公司产生信任感及归属感,尽快适应工作岗位,进而满足公司的工作要求。入门性培训在内容安排上大致分为 4 个部分,即新员工手册学习、公司概况介绍、文化传播、规章制度讲解。

此外,演讲者还可以组织其他员工为新员工举行欢迎仪式。入门性培训的主要目的是促进员工转变心态,使员工更好地了解公司,迅速胜任工作。

2. 适应性培训

对员工进行适应性培训可以帮助他们提升岗位契合度、增加绩效,从而降低人才流失率、促进公司发展。适应性培训的主要目的是提高员工对公司的好感度、责任感,帮助员工快速建立职场人际关系,进入工作状态。

在培训内容方面，适应性培训的重点是为员工介绍工作环境、福利待遇、职业发展等情况，目的是提高员工的工作积极性。例如，某人力资源主管在为员工做适应性培训时通过 PPT 的方式展示公司的薪酬体系，让员工更好地了解自己的福利待遇。

3. 提高性培训

提高性培训是在上述培训的基础上对员工进行业务能力及综合素养的提高训练，使员工在胜任岗位的基础上不断提高工作效率，同时优化人才团队，增强公司的竞争力。

在提高性培训中，演讲者除了要深入介绍公司的价值观，还要对员工的专业知识及技能进行深度培养。例如，在对销售人员进行提高性培训时，某演讲者充分讲述了销售会谈的 4 个阶段，以便帮助销售人员更好地完成销售任务。

合理安排培训演讲的内容可以帮助公司搭建培训管理系统，提高培训的投入回报率，为公司储备人才，促进公司实现战略发展目标，确保公司稳定发展。